Julius Thiele

Die Farbenlehre

als Hilfswissenschaft für Künstler und Industrielle - gemeinfasslich dargestellt mit 4 Tafeln

Julius Thiele

Die Farbenlehre
als Hilfswissenschaft für Künstler und Industrielle - gemeinfasslich dargestellt mit 4 Tafeln

ISBN/EAN: 9783743431836

Hergestellt in Europa, USA, Kanada, Australien, Japan

Cover: Foto ©Thomas Meinert / pixelio.de

Manufactured and distributed by brebook publishing software (www.brebook.com)

Julius Thiele

Die Farbenlehre

Die Farbenlehre

als

Hilfswissenschaft für Künstler und Industrielle

gemeinfasslich dargestellt

von

Julius Thiele,

Maler und Zeichenlehrer an der Realschule I. O. zu Osnabrück.

Mit 4 Tafeln.

BERLIN.
Nicolaische Verlags-Buchhandlung.
(Stricker.)
1873.

Einleitung.

> Die Leute verlassen sich auf ihr Talent und kommen so auf Punkte, wo das nicht mehr ausreicht, da wär' das Studium nöthig gewesen.
>
> (Mozart.)

Es kann ja nicht fehlen, dass man in einer Zeit, wo die Naturwissenschaften so ungeheuren Aufschwung nehmen, wie gegenwärtig, auch darandenkt, ihre Ergebnisse für die Kunst nutzbar zu machen. Namentlich aber von dem Zweige, der soviel Anknüpfungspunkte mit ihr darbietet: ich meine die Optik. Die aus solcher Absicht hervorgegangenen Werke sind zum Theil recht geeignet, das Band zwischen Kunst und Wissenschaft fester zuknüpfen. Was nichts desto weniger zu dem Vorliegenden die Veranlassung gab: das war einmal die Erkenntniss, wie nothwendig eine weniger einseitige Behandlung sei, wenn der Farbenlehre in verschiedenen Kreisen Freunde geworben werden sollen; das andremal aber die Ueberzeugung, dass nur auf praktischem Wege, also in der Ausübung der Kunst die Einsicht in das gewonnen werden kann, was das Wesen der Sache ausmacht.

Die verdienstvolle Arbeit des Prof. Brücke in Wien, dem Sohn des bekannten Berliner Malers, hat wegen der indirecten Miturheberschaft eines Künstlers ganz besondere Vorzüge. Verfasser dieses verdankt ihr sehr viel. Leider ist das Buch von dem Maler Adam nicht vollendet worden, und fehlen gerade diejenigen Abschnitte, die nach der Inhaltsangabe Ausgezeichnetes erwarten lassen. Das Vorhandene ist recht gut, Schreibart und Vorführung des Stoffes durchaus angemessen. Die Gefahr jedoch, welche allen Aesthetikern droht hat A.

nicht immer glücklich vermieden. Er verliert sich nämlich mitunter ins Phrasenhafte; gleichsam die Kehrseite seines sonst so gefälligen Styles.

Warum ich nicht überall dem hochverehrten Altmeister Göthe nachgewandelt bin, wie z. B. Guido Schreiber gethan hat, bedarf wohl für den Sachkenner keiner Rechtfertigung. Ohne mich vor den Bedenken zu verschliessen, welche gegen die modernen Theorien noch bestehen: bin ich doch überzeugt, dass heute selbst ein Göthe sie nicht mehr dauernd zu erschüttern vermöchte. Aber trotz jeder Polemik gegen Newton bietet er uns in seiner Farbenlehre ein Werk von unschätzbarem Werth, überhaupt und besonders für das Studium; und selbst da, wo er irrt, zwingt er uns ihn zu bewundern.

Diese kurzen Bemerkungen mögen genügen, um den Platz anzudeuten, welchen die vorliegende Schrift einzunehmen wünscht. Dabei soll sie dem Verein zur Förderung des Zeichenunterrichts in mehr als einer Hinsicht nutzen, und deshalb der Theilnahme der Fachgenossen besonders warm empfohlen sein.

Ich erkläre, wo das überhaupt noch nöthig, dass ich wohlgemeinte Winke und Rathschläge dankbar und mit Freuden entgegennehme und benutze; hoffe, das Büchlein werde sich so zur Vollkommenheit durchringen. Die Drittheilung des Ganzen (Optik, Chromatik, Malerei) erleichtert die Mitarbeit wesentlich, welche je nach Neigung und Fähigkeit aus sehr verschiedenen Kreisen geboten werden kann.

Zum Schluss noch einige Worte mit Bezug auf das bekannte ablehnende Verhalten vieler Künstler gegen theoretische Studien. Es ist entschieden richtig: beim künstlerischen Schaffen schaden sie mehr, als sie nutzen, worfern sie damit gleichzeitig betrieben werden. Die Versuchung soeben Gelerntes in die Praxis zu übertragen liegt nahe und dabei stellt sich dann leicht einseitige Verstandesthätigkeit ein, das Grübeln und Düfteln, was schon so manchen verwirrt, und endlich ganz unbrauchbar gemacht hat. Es verträgt sich zwar nicht beides nebeneinander wohl aber nacheinander. Wohl hat der z. B. Nutzen von der Perspective, dem sie bereits in Fleisch und Blut über gegangen ist; der nicht nöthig hat, für jede Linie die Construction zu Hilfe zu nehmen, wobei dann seine Aufmerksamkeit andern, ebenso wichtigen Dingen zusehr entzogen wird. Genug, ein Kunstwerk unserer Zeit, muss wie jedes Kunstwerk im Geiste empfangen werden; aber es soll daneben auch allen Ansprüchen genügen, welche unser moderner, fast überfeiner Geschmack erhebt. Andernfalls dürfte die Kritik mit ihrer gefürchteten zersetzenden Wirkung jeden reinen und ungetrübten Kunstgenuss unmöglich machen. Und wesentlich kritisch ist die Gegenwart nun einmal, dagegen lässt sich nichts thun. Wen es aber verstimmt, dass Werke mit Vorzügen nur technischer Art (in der Freude über das Gelingen) oft zu günstig beurtheilt werden: der wolle doch bedenken, wie das nur vorübergehend ist. Die Nachwelt lässt sich dadurch nicht bestechen.

Die Form der Darstellung anbelangend, glaubte ich einen so trockenen Cathederton nicht anschlagen zu dürfen; und habe deshalb auch von einer zu scharfen Gliederung, über die erforderliche Uebersichtlichkeit hinaus, Abstand genommen. Die wichtigste Forderung war mir das klare Verständniss, weshalb ich namentlich schwerfälligen Periodenbau nach Kräften zu vermeiden suchte. Zu entscheiden ob mir Jenes überall gelungen, kommt nicht mir zu, sondern dem Leser. Die Macht, über welche der Einzelne verfügt, ist ja überhaupt so gering, dass, wer sich vor die Oeffentlichkeit wagt, um Wohlwollen und Nachsicht bitten muss. So möge denn auch hier der gute Wille mit in Anrechnung gebracht werden. Gelingt es mir aber, für diesen interessanten und beziehungsreichen Gegenstand Theilnahme zu erregen, ihm Freunde und Pfleger zu gewinnen: dann will ich mich allein schon dadurch für meine Mühe belohnt finden.

August 1873.

Thiele.

Inhalt.

	Seite
Einleitung	III

A. Optischer Theil.

Kapitel	I.	Das Licht	1
Kapitel	II.	Das menschliche Auge	18
Kapitel	III.	Der Farbensinn	29

B. Chromatischer Theil.

Kapitel	I.	Die Farbenkugel nach Ph. O. Runge	43
Kapitel	II.	Nomenclatur	47
Kapitel	III.	Farbenmischungen	49
Kapitel	IV.	Farbenharmonie	51
Kapitel	V.	Von den Pigmenten	60

C. Malerischer Theil.

Kapitel	I.	Die Beleuchtung in der Natur	65
Kapitel	II.	Die Stimmung	74
Kapitel	III.	Die technische Behandlung des Gemäldes	78
Kapitel	IV.	Aesthetisches	87

Schlusswort	92
Anhang, die beigegebenen Figurentafeln (I—IV) betreffend . .	94

Verzeichniss der. bei der Abfassung der vorliegenden Farbenlehre mehr oder weniger in Benutzung gezogenen Werke.

ADAMS. Theorie der Farbenlehre.
BERGER. Das Licht.
BRÜCKE, Physiologie der Farben.
GÖTHE, Farbenlehre.
HELMHOLTZ, Physiologische Optik.
PISCO. Licht und Farbe.
SCHEFFLER, Physiologische Optik.
SCHMIDT (Max), Aquarellmalerei.
SCHREIBER (Guido). Farbenlehre.
ULE, Populäre Naturlehre.
WÜLLNER, Optik.

A. Optischer Theil.

Kapitel I.
Das Licht.

Das sogenannte weisse Licht ist nicht einfach, sondern es besteht vielmehr aus solchem von verschiedener Farbe. Wir verdanken diese Erkenntniss dem grossen englischen Physiker und Mathematiker Newton. Er hat zuerst mit Hilfe prismatischer Gläser gezeigt, dass das weisse Licht sich in seine farbigen Bestandtheile zerlegen, und umgekehrt aus ihnen wieder zusammensetzen lässt.

Noch eingehender ist das Wesen des Lichtes später durchforscht worden; und zwar auf Grund der Wellentheorie von Huyghens, zu der Newton selbst sich gegnerisch verhielt. Aber die Wellentheorie allein bietet für jede bisher bekannt gewordene Beobachtung eine genügende Erklärung. Sie ist gegenwärtig allgemein angenommen und kommt deshalb für unsere Zwecke ausschliesslich in Betracht. Man geht dabei von der Voraussetzung aus, dass der ganze unendliche Raum mit allen darin befindlichen Körpern von einem sehr feinen Stoffe, dem „Lichtäther", durchdrungen wird. Die neuerdings wahrgenommene Verzögerung in der Bewegung der Kometen spricht wenigstens dafür, dass der Raum nicht durchaus leer ist.

Sonach ist das Licht eine Kraft, die Lichterscheinung aber eine Bewegung und der Aether der Träger dieser Bewegung. Durch einen leuchtenden Körper, d. h. einen solchen, dem die Leuchtkraft innewohnt, wird der ihn umgebende Aether in Schwingungen versetzt. Diese Schwingungen pflanzen sich fort von Aethertheilchen zu Aethertheilchen, bis sie auf einen Widerstand stossen (dafür gilt uns jeder undurchsichtige Stoff). Denkt man sich für den Augenblick den leuchtenden Körper als freischwebenden Punkt, so ergiebt sich aus der, durchweg gleichen, Dichtigkeit des Aethers, dass die Bewegung nach allen Richtungen hin geradlinig und mit gleicher Geschwindigkeit fortschreitet. Der Ort der Bewegung ist eine Kugel, welche fortwährend grösser wird. Jene Richtungslinien oder Radien heissen Lichtstrahlen.

Die Farben geben sich nun als farbige Lichtstrahlen zu erkennen. Indem die bewegten Aethertheilchen, senkrecht zur Fortpflanzungsrichtung (transversal), auf und nieder oder hin und herschwingen, zeigt sich das Licht von bestimmter und reiner Farbe, wenn die Wellen der Bewegung regelmässig, also nach Länge, Breite und Zeitdauer untereinander gleich sind. Wo vor unserm Blick das Licht aus einer Farbe in die andere übergeht, da bedeutet es, dass der Werth dieser drei Factoren sich geändert hat. Die grössten Wellen und die langsamste Bewegung hat das rothe Licht; die kleinsten Wellen und die schnellste Bewegung das violette Licht. Gehen nun aber in derselben Richtung mehrere Wellenzüge durcheinander, so werden die einzelnen Farben nicht mehr unterschieden, und es zeigt sich eine Art Mischfarbe. Diese ist weder so rein noch so gesättigt, wie ihre Bestandtheile waren; und zwar nimmt im Allgemeinen mit der Anzahl und Verschiedenartigkeit derselben die Reinheit und Energie der Farbe ab. Gleichzeitig wächst aber die Helligkeit. Alle Farben zusammen ergeben das farblose, weisse Licht, was Ule in seiner populären Naturlehre sehr treffend mit dem Gebrause des sturmbewegten Meeres vergleicht, wo, entsprechend wie hier, von dem wirren Geräusch des Ganzen die einzelnen Töne verschlungen werden. Nahezu weisses Licht geben aber auch schon gewisse Farbenpaare, die deshalb beziehungsweise „Complementärfarben" genannt werden. Solche Paare sind nach Helmholtz „Blau und Gelb", „Roth und Blaugrün", „Violett und Gelbgrün". Für Grün giebt es keine einfache Complementärfarbe. Das ist vielmehr die Verbindung von Roth und Violett, gewöhnlich „Purpur" genannt. Nach den Untersuchungen von J. J. Müller (s. Poggendorfs Annalen) hat Grün (ebenso wie Roth und Violett) die Wirkung, dass die Verbindung, worin es vorkommt, eine grössere Sättigungsverminderung erleidet; während bei den andern sich Uebergangsfarben ergeben, jenen ähnlich, die im Spectrum dazwischen stehen.

Jeder gewöhnliche Lichtstrahl kann so durch ein Glasprisma hindurchgefürt werden, dass er nicht nur von seiner ursprünglichen Richtung abgelenkt, sondern auch in seine etwaigen Bestandtheile auseinandergelegt wird, indem diese je eine andere Ablenkung erfahren. Solch ein Strahlenbüschel, auf einer hellen Wand aufgefangen, erzeugt ein langgezogenes mehrfarbiges Bild, ein sogenanntes Spectrum. Für Sonnenlicht ist das Spectrum ein zusammenhaugendes (wenn man von gewissen zarten und dunklen Querstreifen, den Frauenhoferschen Linien[*] absieht) in einer Stufenfolge der Farben, gleich der des Regenbogens. Zu oberst steht Roth, dann kommen der Reihe nach Orange, Gelb, Grün, Blau,[**] Violett. Die grössten und langsamsten Wellen gehören, wie schon gesagt, den rothen Strahlen, die kleinsten und schnellsten den violetten. Alles, was dazwischen liegt, sind stete Uergänge aus dem Einen in das Andere. Die gelbgrünen haben ohngefähr mittlere Wellengrösse und Geschwindigkeit. Nach Fresnel beträgt die Zahl der Schwingungen:
für das Roth der Frauenhoferschen Linie B 450 Billionen in der Secunde;
für das Violett der Frauenhoferschen Linie H 790 Billionen in der Secunde.
Die Wellenlänge in der Luft ist
für dasselbe Roth $= 0,0006878$ mm.
für dasselbe Violett $= 0,0003928$ mm.

---

[*] Dieselben sind ein sehr schätzbares Mittel zur Bestimmung der besondern Farbenstufe.

[**] Für den Uebergang von Blau zu Violett hat Newton die Bezeichnung Indigo sehr unpassend gewählt, da diese Farbe gar keine solche Nüance darstellt.

Die Unterschiede vom äussersten Roth und äussersten Violett sind übrigens grösser. Namentlich hat man über das violette Ende hinaus noch Strahlen wahrgenommen und bestimmt, deren Schwingungszahlen 900 Billionen und darüber betragen.

Im Spectrum steht die feurigste und lebendigste Farbe obenan, das Roth; die hellste, Gelb, dagegen der Mitte näher, dicht unter der Linie D.

Mit voller Bestimmtheit rechnete man ehedem darauf, dass wegen der nahen Verwandschaft zwischen Roth und Violett solche Farben, die man jenseits derselben im Spectrum noch entdecken würde, nur Zwischenglieder sein könnten, wo sie nicht die ganze Reihenfolge wiederholen. Das hat sich nicht bestätigt. Namentlich fand man über Violett hinaus statt des erwarteten Fortschreitens einen Rückgang. Das sogenannte ultraviolette Licht ist bläulich grau oder, wie mans nennt, „lavendelfarben". Oberhalb Roth soll aber gar keine Veränderung mehr zu merken sein. Bekanntlich sind auch die Töne der Musik als Schwingungen erklärt worden, und weil dort die doppelte Schwingungszahl einen gleichklingenden höheren Ton, die „Octave" hervorbrachte, so glaubte man Gleiches auch hier erwarten zu müssen. Ultraviolett ist aber so ziemlich die Octave von Roth.

Man pflegt nun trotzdem noch jetzt die verschiedenen Farbebezeichnungen so in einen Kreis einzutragen, dass die beiden Enden von Spectrum sich zusammenschliessen. Für die Uebersicht ist dies recht zweckmässig, nur möchte es gerathen sein, die Schlussstelle zu kennzeichnen, da sie nicht durch einfaches Licht vertreten ist.

In umstehender Figur liegen die Complementärfarben diametral gegenüber. Zu dem einfachen Grün gehört der zusammengesetzte Purpur, der darum mit einer Klammer versehen ist. Der Mittelpunkt soll auf das weisse Licht gedeutet werden. Geht man aber von der Ansicht aus, dass gewisse Farben wegen ihrer grössern Helligkeit (namentlich Gelb) dem Weiss näher liegen müssen als andere, so ergiebt sich statt des kreisförmigen Umrisses eine andere krumme Linie, welche

mit einem Hyperbelzweig viel Aehnlichkeit hat. Der Mittelpunkt befindet sich wiederum auf der geradlinigen Verbindung je zweier Complementärfarben, aber allemal der helleren im richtigen Verhältniss näher.

Es hat ein Gegenstand vielfach zu Missverständnissen Veranlassung gegeben, der deshalb nicht übergangen werden darf. Man bezeichnet solche Paare von Pigmentfarben, welche mit einander gemischt ein mehr oder weniger dunkles Grau geben, ebenfalls als complementär. Grau und schwarz sind freilich auch farblos wie Weiss. Jedoch wenn bei der Mischung farbiger Strahlen die Helligkeit wächst, nimmt sie im Gegentheil bei der Pigmentmischung ab. Offenbar summirt sich dabei das Körperliche, der Schatten. Aber selbst davon abgesehen, stimmen die Complementärfarben beider Gruppen nicht genau überein. Letztere lässt sich so in einen Kreis einschreiben, dass derselbe dadurch in sechs gleiche Ausschnitte zerlegt wird. Eine kleine Verschiebung hat stattgefunden.

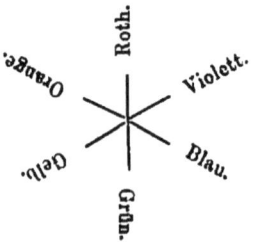

Grün hat nicht mehr Purpur zur Ergänzung, sondern Roth u. s. w. Die Mitte bildet das neutrale Grau. Soll diese

Anordnung bleiben und auf farbiges Licht übertragen werden, so sind für die geraden Verbindungslinien gebogene zu nehmen, erhaben nach der Seite Roth-Orange-Gelb und hohl nach der Seite Grün-Blau-Violett. Einen gemeinsamen Mittelpunkt giebt es nicht mehr, wohl aber einen geometrischen Ort für die verschiedenen. Auf jeden Fall wollen wir uns hüten, farbiges Licht und Pigmente als durchaus gleichartig anzusprechen.

Es bestehen nun noch andere Arten der Farbenmischung. Was wir an ein und derselben Stelle 11 mal in der Secunde sehen, scheint dort zu haften. So halten wir eine herumgeschwungene glühende Kohle für einen feurigen Ring. Befestigt man auf einer sehr schnell kreisenden Scheibe Ausschnitte von verschiedener Farbe, so vermischen sich dieselben für unser Auge gerade so, wie beim Uebereinanderfallen von Spectralfarben. Auch hier geben alle Farben zusammen Weiss u. s. w. Uebrigens sind derartige Versuche für die Augen sehr angreifend.

Auf einer stehenden Glastafel mischen sich die Farben der Dinge ebenfalls. Man sieht gleichzeitig die dahinter liegenden direct und die davor befindlichen im Reflex oder Widerschein.

Die Sonnenscheibe, durch zusammengelegte farbige Glastafeln betrachtet, erscheint

    purpurroth für Roth mit Blau,
    desgl.   „ Gelb mit Violett und Blau,
    braunroth „ Roth mit Grün,
    desgl.   „ Gelb mit Violett,
    graugrün „ Gelb mit Blau, und
    gelblich „ Roth mit zweimal Grün.

Der Aether ist ein grenzenloses Meer, welches fortwährend von verschiedenen Wellensystemen in fliegender Eile durchzogen wird. Die Geschwindigkeit, mit der sich die Lichterregung forspflanzt, ist beständig und beträgt ohngefähr

42,000 Meilen in der Secunde; die Verzögerung*) für unsere atmosphärische Luft ist fast unmerklich. Die Wirkung des Lichts nimmt ab mit der Quadratzahl der Entfernung; denn dasselbe Strahlenbüschel, welches eine Fläche (von bestimmter Gestalt und Grösse) erleuchtet, verbreitet sich, bei Verdopplung des Abstandes, über eine gleichliegende (gleiche) Fläche von vierfacher Grösse. Durch den folgenden praktischen Versuch überzeugt man sich leicht. Man lasse von einem Stäbchen auf ein Blatt Papier zwei Schlagschatten fallen, den einen bewirkt durch eine Lampe, den andern durch vier desgl. in doppelter Entfernung (9 in dreifacher u. s. w.). Beide erscheinen gleich hell; und es ist dies ganz zuverlässig, weil das Auge für die verschiedenen Grade der Dunkelheit sehr fein unterscheidet. Jeder dieser beiden Schlagschatten wird aber nur von einer Lichtquelle erleuchtet. Dasselbe Strahlenbüschel vertheilt sich, wo es in schiefer Richtung auffällt, über einen grössern Flächenraum, als in senkrechter. Die Stärke der Erleuchtung ist also nicht allein von der Entfernung abhängig, sondern auch von der Lage.

Weiter aber war schon erwähnt worden, dass die regelmässige Ausbreitung der Lichterregung vielfach gehindert wird durch die im Raum befindlichen Körper. Diese Körper (möglichst allgemein verstanden) sind alle mehr oder weniger undurchsichtig, d. h. sie verwehren den Durchgang der Lichtstrahlen. Diejenigen, welche das in höherem Grade thun, haben hinter sich einen schattigen Raum und werfen auf eine, denselben durchschneidende Fläche ihren (sogenannten) Schlagschatten. Kommen die Strahlen von einer grösseren Lichtquelle, dann besitzt der Schattenraum überall bestimmte Grenzen; der Schlagschatten ist je ferner, desto kleiner, bis er ganz fortfällt. Kommen die Strahlen von einer kleineren Lichtquelle, dann wächst der Schattenraum fort und fort ins Unendliche; der Schlagschatten ebenfalls. Sind der leuchtende und der erleuchtete Körper gleich gross, dabei von gleicher Gestalt und in gleicher Lage, oder befindet sich ersterer in

---

*) Olaf Römer, Fizeau.

unmessbarer Ferne, so laufen die Lichtstrahlen parallel. In den Schattenraum fällt gar kein directes Licht. Er wird deshalb auch Kernschatten genannt, zum Unterschiede von seiner näheren Umgebung, dem Halbschatten, welcher überall wenigstens für einen Theil der Lichtquelle zugänglich ist. Davon zeugen im Schlagschatten die verwaschenen Ränder. Die giebt es aber nicht, wenn die Lichtstrahlen von einem Punkt oder aus sehr grosser Entfernung kommen. Je schiefer sie am Körper vorbei auf eine Fläche fallen, desto länger wird der Schlagschatten. Die dem Lichte abgewandte, also gleichfalls schattige, Seite des Körpers selbst, heisst der Eigenschatten.

Von den Lichtstrahlen, welche ein Körper empfängt, wird ein Theil zurückgeworfen, ein anderer hindurchgelassen, der Rest absorbirt oder verschluckt. Der zurückgeworfene Theil bestimmt, wo er das Uebergewicht hat, die Lokalfarbe, soweit sie in dem Licht enthalten war. Desgleichen auch der hindurchgelassene Theil, dessen Geschwindigkeit verringert wird, der Dichtigkeit entsprechend. Man denke sich in dem Punkt, in welchem ein Lichtstrahl die Oberfläche des Körpers trifft, ein Loth errichtet und durch dieses Loth und den Strahl eine Ebene geführt. Der zurückgeworfene (reflectirte) und der hindurchgelassene oder gebrochene Theil des Strahles liegen in dieser Ebene, jedoch auf der andern Seite des Lothes. Der einfallende und der zurückgeworfene Strahl bilden gleiche Winkel mit dem Loth. Das Gesetz: „Reflexionswinkel = Einfallswinkel" gilt allgemein. Ihm gehorcht der zurückprallende Ball und das Echo ebenso wie der Widerschein. Der Winkel des gebrochenen Strahles mit dem Lothe, „der Brechungswinkel" ist für dichtere Stoffe kleiner, für dünnere grösser, als der Einfallswinkel. (Doch giebt es einige Ausnahmen). Das Verhältniss zwischen dem Sinus des Einfalls- und dem des Brechungswinkels wird der „Brechungsexponent" genannt. Er ist beständig für dieselben Stoffe; für den Uebergang aus Luft in Wasser ohngefähr = 4 zu 3. Es soll jedoch zunächst an einfaches Licht gedacht werden, denn die verschiedenen Farben erfahren wiederum nach ihren Schwingungszahlen verschiedene Ablenkungen. Zusammengesetztes

Licht zerfällt also durch die Brechung auch noch in seine Bestandtheile. Man nennt das „Dispersion" oder Farbenzerstreuung. Aus ihr erklärt sich, wie mit Hilfe eines durchsichtigen prismatischen Körpers das Spectrum hervorgebracht werden kann. (Brechung und Farbenzerstreuung treten zwar immer zusammen auf, aber ohne von einander abhängig zu sein.) Der Sonnenstrahl breitet sich aus wie ein Fächer, und wird er so von einer weissen Wand aufgefangen, so zeigt er die bekannte Reihenfolge der Farben, die nirgend scharf abgegrenzt sind, sondern stetig in einander übergehen. Die Frauenhoferschen Linien, durch die wichtigste Entdeckung der neueren Zeit[*]) so interessant geworden, bieten uns ein Mittel, um, über den gewöhnlichen Bedarf hinaus, die Farbenstufen zu trennen. Die Linien A und B liegen im Rothen, C im Orangerothen, D im Goldgelben, E im Grünen, F im Grünblau, G im Violettblauen und H im Violetten.

Wir pflegen den Gegenstand, welcher uns sein Licht zusendet, in der Richtung zu suchen, aus der die Strahlen kommen. Es versteht sich ganz von selbst, dass wir zunächst falsch schliessen müssen, wenn die Strahlen durch Reflexion oder Brechung (Refraction), in eine andere Richtung genöthigt worden sind. Und obgleich die Bilder unsrer Planspiegel zu bekannt sind, lassen sich selbst Erfahrene oft dadurch täuschen, dass ihnen solche Dinge unter ungewöhnlichen Umständen gegenüber treten. Das beweisen unsre modernen Zauberkünste, Bühnengespenster u. s. w. Auf der Refraction beruhen die Luftbilder, fälschlich Luftspiegelungen genannt, wie Kimmung und fata morgana. Ferner die astronomische Aberration und die gehobene Münze im Gefäss mit Wasser (s. Pisco, Licht und Farbe.)

Reflection und Refraction gelten für krumme Flächen ebenso, wie für ebene. Nur sind die Lothe auf die zu ihren Fusspunkten gehörigen Berührungsebenen zu beziehen. Bei der Ellipse schliesst bekanntlich das Loth auf der Tangente im Berührungspunkt mit beiden zugehörigen Brennstrahlen

---

*) Spectralanalyse v. Bunsen und Kirchhoff 1860.

gleiche Winkel ein. Wenn man eine Ellipse um ihre grosse Axe herumdreht, gilt dasselbe noch für jede einzelne Stellung, die sie nach einander bei der Drehung eingenommen hat. Also auch für eine endlose Schaar von ihr gleichen Ellipsen, welche alle diese verschiedenen Stellungen versinnlicht; also auch für das entsprechende Ellipsoïd. Wird eine Lichtquelle in den einen Brennpunkt des, selbstverständlich hohlen Ellipsoïds gebracht, dann sind seine Strahlen zugleich Brennstrahlen (radii vectores) und werden, wegen Gleichheit von Einfalls- und Reflectionswinkel, nach dem andern Brennpunkt hin zurückgeworfen. Die Reflexstrahlen sind ebenfalls Brennstrahlen, und wir erhalten in diesem andern Brennpunkt ein Bild jener Lichtquelle. Es ist das ein sog. „objectives Bild". Die Drehungsaxe heisst jetzt die optische Axe, der (eine) Scheitel die optische Mitte und sein Abstand vom Brennpunkt die Brennweite. Eine Hälfte unsers Ellipsoïds genügt nämlich, um als Hohlspiegel zu dienen; ja noch weit weniger. Tritt an die Stelle des Ellipsoïds ein Paraboloïd, so laufen die Reflexstrahlen mit der optischen Axe parallel und treffen in einem unendlich fernen Punkte zusammen. Wiederum können die Strahlen von einem solchen, wofür auch irgend ein Stern gelten mag, nach dem Brennpunkt hingeleitet werden. Das dadurch entstehende Bild ist ein objectives und lässt sich durch ein hingeführtes Blatt auffangen, also gleichsam greifbar machen. Nehmen wir nun endlich ein Hyperboloïd und bringen die Lichtquelle in den Brennpunkt, alsdann weichen die Reflexstrahlen auseinander, so dass sie sich eigentlich gar nicht vereinigen. Dennoch scheinen sie uns von dem andern Brennpunkt hinter dem Spiegel, wo ihre Verlängerungen zusammentreffen, herzukommen. Dies ist das sogenannte „subjective Bild", wie solche von Planspiegeln gleichfalls erzeugt werden. Ist nicht die Ebene eigentlich auch ein Grenzfall des Hyperboloïds?

In der Praxis bedient man sich der leichter herzustellenden kugligen (sphärischen) Hohlspiegel*). Dieselben dürfen

---

*) Die Einfallslothe sind dann zugleich die Krümmungsradien.

nur einen kleineren Theil einer Hohlkugel geben, weil sonst die Randstrahlen mit den inneren sich nicht erträglich vereinigen lassen. Je weiter von der Mitte, desto weniger. Genau genommen sind es immer nur einzelne Strahlenkegel, welche in einem Punkt, nämlich ihrer Spitze, zusammenkommen. Die Kegel durchstossen sich gegenseitig in etwas helleren Kreisen, und daraus setzt sich die, den Brennpunkt vertretende, kaustische oder Brennfläche zusammen. Ein durchaus klares Bild kann in Folge dieser sogenannten „sphärischen Aberration" nicht entstehen; darum sucht man sie auch nach Möglichkeit einzuschränken. Für parallel mit der Axe eintreffende Lichtstrahlen liegt der Brennpunkt des kugligen Hohlspiegels ziemlich genau halbwegs zwischen dem optischen und dem Krümmungsmittelpunkt. Eine Lichtquelle in diesem Brennpunkt lässt umgekehrt die Reflexstrahlen denselben Weg rückwärts machen. Die Kugel vertritt also hier das Paraboloïd. Bewegt man die Lichtquelle von da aus die optische Axe entlang gegen den Krümmungsmittelpunkt, so neigen sich die Reflexstrahlen immer stärker gegen einander, und das objective Bild rückt näher und näher. Wir haben jetzt offenbar den Fall der Ellipse. Führt man endlich die Lichtquelle nach dem optischen Mittelpunkt, so bildet sich hinter dem Spiegel das subjective Bild, wie beim Hyperboloïd.

Wir haben bisher nur solche Lichtquellen in Betracht gezogen, die in der optischen Axe befindlich waren. Für jede andere ergiebt sich aber das Nämliche, sobald man von ihr aus eine gerade durch den Krümmungsmittelpunkt geführt denkt. Diese neue (sogenannte Neben-) Axe tritt an die Stelle der ersteren, und durch eine Zeichnung überzeugt man sich leicht, dass das objective Bild eines Gegenstandes verkehrt stehen muss. Jedoch nur dieses, denn das subjective Bild ist aufrecht.

Was die Kugelspiegel für die Reflexion, das sind die sphärischen Linsengläser für die Strahlenbrechung. Die Analogie ist ganz auffallend. Sowie man dort neben der Hohlkugel auch die Vollkugel, wenigstens als Gartenschmuck, kennt, so haben wir hier nicht nur erhabenflächige (convexe), sondern auch hohlflächige (concave) Linsen*) Die wichtigste Form ist jedoch die biconvexe, bestehend aus zwei (meist ganz gleichen) Kugelabschnitten (Calotten), also auch ihrer Gestalt nach mit jener bekannten Hülsenfrucht übereinstimmend. Durch die Krümmungsradien werden hier ebenfalls die Einfallslothe vertreten. Ein Lichtstrahl, welcher parallel zur Axe auf eine solche Linie fällt, wird beim Eintritt zu dem einen, beim Austritt von dem andern Einfallslothe gebrochen und durchschneidet die Axe im Brennpunkte. Die Benutzung solcher Linsen als Brenngläser ist bekannt. Eine Lichtquelle in der Axe vor der doppelten Brennweite erzeugt jenseits zwar näher, aber noch ausserhalb der Brennweite ein objectives Bild. An einem grössern Gegenstande erkennt man, dass er wiederum verkehrt steht, z. B. in der camera obscura. Entfernt sich jene Lichtquelle mehr und mehr, so rückt das Bild in den Brennpunkt. Steht sie dagegen innerhalb der Brennweite, so giebt es nur noch ein subjectives Bild; vergrössert, — wie ein solches bei einer biconcaven Linse verkleinert erhalten wird.

Auch hier macht sich die sphärische Aberration in störender Weise bemerklich, und man begegnet dem theils durch Blendungen**) (undurchsichtige Kreisringe, diaphragmen), theils hat man sich auch die grösseren Linsen für Leuchtthürme aus einzelnen Zonen zusammengesetzt. Eine von jenem Uebelstande freie Linse heisst aplanatisch.

Die Eigenschaften der Linse erfahren eine besonders interessante Verwerthung bei Microscop und Fernrohr. In beiden Zusammensetzungen ist das wichtigste Linsenglas das „Objectiv," welches, wie der Name andeutet, die Bestimmung hat, ein objectives Bild des beobachteten Gegenstandes zu erzeugen. Dieses objective Bild wird dann durch das andere Glas, „Ocular" genannt, in die rechte Sehweite gebracht (s. das menschliche Auge). Objectiv und Ocular sind bei weniger einfachen Instrumenten nicht durch je eine, sondern durch

---

*) Endlich auch gemischtflächige.
**) s. Das menschliche Auge.

mehrere Linsen gegeben. Eingehenderes findet man in optischen Lehrbüchern.

Brechung und Farbenzerstreuung treten zwar immer neben einander auf, aber ohne dass sie deshalb im abhängigen Verhältniss ständen. So wird uns ein Mittel an die Hand gegeben, wie wir das Eine, die Farbenzerstreuung, ganz aufheben können, während wir gleichzeitig das Andere nur schwächen. Die Verbindung zweier Prismen von Crown- und Flintglas, deren brechende Kanten entgegengesetzt liegen, ist dafür ein Beispiel. Desgleichen die entsprechende Verbindung von Linsen. Die Aufhebung der Farbenzerstreuung heisst: „Achromasie"

Eine so wunderbare und reizende Erscheinung, wie unsern Regenbogen, können wir nicht umhin näher in Betracht zu ziehen. Er wird wahrgenommen, wenn die in unserm Rücken stehende Sonne die vor uns niederfallenden Regentropfen erleuchtet. Und zwar trifft eine gerade Linie, von der Sonne durch unser Auge hindurchgeführt, in den Mittelpunkt des Bogens. Unser Stand und der der Sonne bringen es mit sich, dass wir gewöhnlich keinen vollen Kreis sehen. Jedes einzelne Wasserbläschen reflectirt von seiner innern Fläche den durchgegangenen Sonnenstrahl und legt ihn dabei in seine Farben auseinander. Von dem so entstandenen Strahlenbüschel gelangt aber immer nur ein Theil, d. h. eine besondere Farbe, in unser Auge; wie uns der Thautropfen im Grase belehrt. Dieselbe Farbe zeigen uns alle Bläschen, welche zum Auge und zur Sonne die gleiche Stellung einnehmen, welche also in einem Kreise liegen. Für jede Farbenstufe giebt es einen besonderen, und so bildet der Regenbogen ein ganzes System von Kreisen mit demselben Mittelpunkt.

Dass Wasserdampf im aufscheinenden Lichte bläulich, im durchscheinenden aber bräunlich erscheint, ist allgemein bekannt. Die Morgen- und Abenddämmerung beruht darauf, wenigstens theilweise. Eine vollkommen befriedigende Erklärung habe ich nirgend gefunden.

Wir haben uns bisher bei Reflexion und Brechung auf einfache Verhältnisse gestützt. Während jedoch eine glatte Fläche klare und deutliche Spiegelbilder giebt, thut das eine rauhe nicht ebenfalls. Vielmehr werden von den einzelnen kleineren Flächen, worin man sie sich zerlegt denken mag, ebensoviel verschiedene Bilder durcheinander geworfen, so dass eine Vorstellung des gespiegelten Gegenstandes nicht wohl entstehen kann. Dafür erkennt man den Körper, der das Licht zurückwirft, um so besser; was sonst jene Spiegelbilder verhindern, oder doch erschweren würden. Die meisten Körper haben rauhe Oberflächen, und damit ist für unsere Erkenntniss vortrefflich gesorgt.

Die verdienstvollen Untersuchungen von Young, Fresnel und Arago haben (wenigstens für unsere Zeit) der Wellentheorie zum Siege über die Emanations- oder Ausflusstheorie verholfen. Der Wellentheorie zufolge ist das Licht, wie schon gesagt, kein Stoff, sondern eine Kraft. Wir wollen uns nicht darauf einlassen, den Nachweis zu führen, dass diese Theorie allein im Stande ist, jede Wahrnehmung genügend zu erklären. Es passt weit besser zu unserm Zweck, wir nehmen das Ergebniss der Forschung vorweg. Zudem ist es gerade hier von hohem allgemeinen Interresse, dass es keinem Gebildeten unbekannt bleiben darf.

Man unterscheidet Longitudinal- (Längs-) schwingungen und Transversal- (Quer-) schwingungen. Die kleinsten Theilchen des bewegten Stoffes werden entweder in der Richtung des Anstosses abwechselnd zusammen, und von einander gedrängt, oder sie werden aus dieser Richtung herausgetrieben, derart dass sie sich in einer zu ihr lothrechten Ebene auf und nieder bewegen. Dabei kommt jedes Theilchen vorübergehend einmal in die Richtungslinie, den Strahl. Man sagt dann: es passirt die Ruhelage. Für den Augenblick bildet die ganze Kette der bewegten Theilchen (hier des Lichtäthers) eine Wellenlinie mit Bergen und Thälern. Nach Wüllner hat das in einem bestimmten Moment von einer gegebenen Lichtquelle ausfliessende Licht eine bestimmte „Polarisation," d. h. die Aetherschwingungen geschehen nach einer bestimmten Richtung in einer und derselbe Ebene. In den folgenden, dem ersten äusserst nahen, Zeitmomente fliesst dann von der Lichtquelle ein Strahl aus, dessen Ebene gegen die des ersten geneigt ist; so folgen Strahlen auf Strahlen mit immer anderer Richtung, so dass an einer bestimmten Stelle im fortgepflanzten Lichtstrahle auch während der kleinsten messbaren Zeit die Richtung der Schwingungen alle möglichen Azimuthe durchläuft. Hiernach schwingt der natürliche Lichtstrahl, wenn nicht gleichzeitig, so doch rasch hintereinander, nach allen Seiten. Der bekannte Physiker Dove hat durch seine sehr sinnreichen Versuche dargethan, das die Wirkung auf das Nämliche hinauskommt. Für die Wahrnehmung und Empfindung des Lichtes genügt es übrigens, wenn die Schwingungsebene ihre Lage gar nicht wechselt. Wir werden uns später davon überzeugen.

Zwei Kräfte, die gleichzeitig an demselben Punkt angreifen und nach derselben Seite hinwirken, verstärken sich. Umgekehrt, wenn sie in entgegengesetzter Richtung wirken, schwächen sie sich. In jedem andern Falle setzen sich beide zu einer neuen, einer Mittelkraft (der Resultante) zusammen, wie wir uns an dem Parallelogramm der Kräfte überzeugen können.

Zwei Lichtstrahlen von derselben Farbe, die gleichlaufen, verstärken sich ebenfalls, wenn ihre Wellenberge und ihre Wellenthäler zusammentreffen, und schwächen sich, wenn das Gegentheil stattfindet. Ja, bei gleicher Schwingungsweite (amplitude) der Welle und genauem Aufeinanderpassen von Berg und Thal findet sogar vollständige Vernichtung statt. Dies ist die von Grimaldi entdeckte „Interferenz." Die Interferenz der Wasserwellen giebt ebene Oberflächen, die Interferenz der Schallwellen Stille; die Interferenz der Lichtwellen Dunkelheit, Nacht.

Es liegt klar auf der Hand, dass in der Weise bei zusammengesetztem, z. B. weissem, Lichte gewisse Farben ganz ausgelöscht werden können. Dabei kommen dann die anderen mehr oder weniger rein zur Wirkung. Die Farben dünner Blättchen erklären sich aus der Interferenz sehr leicht. Man stelle sich vor, dass ein Lichtstrahl auf die Oberfläche einer dünnen Schicht fällt. Ein Theil wird zurückgeworfen, ein anderer dringt bis auf den Grund, um, wenn dessen Fläche jener ersten gleichliegt, hier wiederum theilweise reflectirt zu werden, und zwar, parallel jenem ersten Reflexstrahl. Dasselbe geschieht aber mit einer ganzen Reihe von Strahlen, so dass gleichfarbige von der Oberfläche und von der Grundfläche verschiedentlich zusammentreffen müssen. Entgegengesetzt schwingende werden sich dabei unter Umständen auslöschen. Die dazu nöthigen Schwingungsphasen hangen ab von der Dicke der Schicht, also von der Entfernung beider Grenzflächen. Für die besondere Farbe entspricht diese der Differenz einer halben Wellenlänge. Wo sich die Dicke nun verändert, da hört für dieselbe Farbe das Interferiren auf; aber es treten andere an die Stelle. Sie kann so gross werden, dass überhaupt keine Interferenz mehr stattfindet, indem die Schwingungsebene mitlerweile eine andere Lage angenommen hat.

Verschiedene Erscheinungen lassen sich durch Interferenz erklären; so die Farben der Seifenblasen, die Newton'schen Farbenringe und Anderes. Die Farbenringe entstehen, wenn man eine Convexlinse auf eine Glastafel legt, gewissermassen an der Oberfläche und Grundfläche der dazwischen eingeschlossenen Luftschicht.

Ein Stab von elliptischem Querschnitt hat (nach Wüllner) seine stärkste und seine schwächste Elasticität nach zwei verschiedenen Richtungen hin, die auf einander senkrecht stehen und den beiden Axen der Ellipse entsprechen. Jeder Stoss in der einen oder andern Richtung wirkt einfach und versetzt den Stab in die entsprechenden Schwingungen. Trifft dagegen der Stoss in einer Zwischenrichtung, dann spaltet sich die Wirkung sofort nach jenen beiden Axenrichtungen.

Ingleichem soll nun auch das Licht in einem, nach verschiedenen Seiten verschieden dichten, Medium, wo es schief einfällt, nach der grössten und geringsten Elasticität zerlegt werden. Das ist die sogenannte „Polarisation." Polarisirtes Licht schwingt nur noch nach einer Seite und unterscheidet sich dadurch wesentlich vom natürlichen. Wir sehen durch einige Krystalle, sowie durch zusammengepresstes Glas die

Gegenstände doppelt, wo die Strahlen in einer solchen Mittelrichtung einfallen und zerlegt werden. Und damit erklärt sich dann auch, wie beim Drehen der eine oder der andere polarisirte Strahl vorübergehend verschwinden und wieder auftauchen kann. Der rechtwinklig zur Axe eines Krystalles schwingende und stärker abgelenkte Strahl heisst der ordentliche und liegt immer in derselben Ebene mit dem einfallenden Strahl. Nicht so der andere, der ausserordentliche.

Während Licht, welches in derselben Ebene schwingt, unter Umständen, die schon näher bezeichnet worden sind, zur Interferenz gelangt, ist dies bei rechtwinklig zu einander polarisirtem nicht mehr möglich. Aber bei verwickelten Vorgängen, z. B. bei der Spaltung von Strahlen durch Reflexion, finden sich immer wieder parallele, mit den zur Interferenz passenden Phasenunterschieden, zusammen. Und so erklären sich die prachtvollen Farbenerscheinungen der Polarisation, welche den Newton'schen Farbenringen so ähnlich sehen. (Ich erwähne hier nur noch kurz, dass das natürliche Licht auch schon durch eine Vorrichtung mit einem drehbaren Spiegel polarisirt werden kann.)

Phosphorescenz und Fluorescenz. Jenes ist ein Nachleuchten in Folge früherer Bestrahlung und Einsaugung von Licht. Es wird von den Physikern als eine Art Lichtresonanz gedeutet. Dieses ist nach Eisenlohr den musikalischen Combinationstönen vergleichbar. Der Phosphor, welcher der ersten Erscheinung den Namen gegeben hat, ist allgemein bekannt. Kaum weniger das Steinöl (Petroleum) mit seiner schönen Fluorescenzfarbe.

Es reiht sich hier die eine Entdeckung an die andre, aber wir wollen für diesmal der Versuchung widerstehen, ihnen weiter nachzugehen.

Kapitel II.
Das menschliche Auge.

In der, von mehreren Schädelknochen gebildeten, Augenhöhle (orbita) ruht auf weichem Fettpolster der kugelähnliche Augapfel. Seine äussere Schale ist die Sehnenhaut (sclerotica) mit der Hornhaut (cornea). Die Sehnenhaut oder harte Haut, weisslich und undurchsichtig, umschliesst den bei weitem grösseren Theil und geht vorn in die stärker gekrümmte, durchsichtige Hornhaut über. Letztere sitzt wie ein Uhrglas auf der kreisförmigen und flachen Regenbogenhaut (iris) im Innern des Auges. Die Regenbogenhaut ist gewöhnlich lebhaft gefärbt (braun oder blau) und hat in der Mitte eine ebenfalls kreisförmige Oeffnung: die Sehöffnung (pupilla). Hinter der Iris befindet sich die Linse (lens), durch welche der innere Raum in einen vorderen kleineren und einen hinteren grösseren Theil geschieden wird, jener mit der wässrigen Flüssigkeit (humor aqueus), dieser mit der Glasflüssigkeit (humor vitreus) angefüllt. Beide Flüssigkeiten sind in Bezug auf Zusammensetzung und Brechungsvermögen von reinem Wasser wenig verschieden. Die Linse besteht aus sehr dünnen Häutchen, welche so übereinander liegen, dass die inneren von den äusseren ganz umschlossen werden. Die inneren nähern sich mehr der Kugelgestalt, sind fest und faserig, die äusseren dagegen weich und breiartig. Das Ganze wird aber durch die wiederum feste Linsenkapsel gehalten. Die Linse ist vollkommen durchsichtig und führt ihren Namen von ihrer Gestalt. Für die Structur der Häute ergiebt sich als Grundform ein regelmässiger sechsstrahliger Stern. Die vordere Fläche ist weniger krumm als die hintere, und sie wölbt sich vorübergehend einmal stärker in der Mitte, das andre Mal an dem Rande. Aussen auf der Hornhaut befindet sich die Bindehaut, welche fortwährend Schleim und Thränenwasser absondert und durch den Thränenkanal nach der Nase abfliessen lässt, wodurch das Auge rein und klar erhalten wird. Die Bindehaut ist an die innere Seite der Augenlider angeheftet.

Auf die Hornhaut folgt die Wrisberg'sche Haut, das Augenwasser und die Linse. Die Glasflüssigkeit wird ringsum von der Glashaut eingeschlossen, welche ausserdem auch noch die Linse umgiebt. Diese Theile des Auges, von der Bindehaut bis zur hinteren Hälfte der Glashaut einschliesslich, werden die „brechenden Medien" genannt und sind sämmtlich durchsichtig.

Die äussere Hülle des Sehnerven, sowie die harte Haut, gelten als Fortsetzung der äusseren Gehirnhaut (dura mater). Aber auch die Hornhaut wird nur für den vorderen, durchsichtigen Theil der harten Haut angesehen: und so wird eigentlich der ganze Augapfel, mit allem, was dazu gehört, von der dura mater umgeben. Die mittlere Gehirnhaut (choroidea cerebri) und die innere (pia mater) setzen sich ebenfalls bis in den Augapfel hinein fort. Erstere bildet die äusseren Schichten der Aderhaut, welche Blutgefässe enthalten; letztere die, die Jacobi'sche Haut genannte, innere Schicht. Auf dieser projicirt sich die Aussenwelt im sogenannten Netzhautbilde.*) Die Schichten der Aderhaut sind mit schwarzem Pigment durchsetzt. In der Jacobi'schen Haut befindet sich eine Stelle von gelber Farbe, eine ölige Flüssigkeit enthaltend, die „der gelbe Fleck" (macula lutea) genannt wird. Die macula lutea liegt der Sehöffnung gerade gegenüber und ist der Bezirk des deutlichen Sehens. Sie wird nur bei erwachsenenen Menschen und einigen Affenarten gefunden.

Der Sehnerv kommt durch das foramen opticum und dringt von der hinteren Seite in den Augapfel ein. Die Eintrittsstelle liegt auf der der Nase zugewandten Hälfte neben dem gelben Fleck. Sie ist gegen das Licht unempfindlich und heisst „der blinde Fleck". Vor seinem Eintritt verengt sich der Sehnerv, und diese trichterartige Bildung wird von der sogenannten Siebplatte gedeckt. Durch die Siebplatte hindurch gehen feine Nervenfasern, welche sich im Innern des

---

*) Die Jacobi'sche Haut wird von Einigen auch für eine Schicht der Netzhaut angesehen.

Auges auf der Jacobi'schen Haut ausbreiten. Dies Geflecht von Nervenfasern ist die Netzhaut (retina). Die Netzhaut liegt ziemlich lose auf der Jacobi'schen Haut, haftet aber fester an der Glashaut, namentlich mehr nach vorn, wo sie beim Ciliarkörper mit gezacktem Rande (ora serrata) endet. Ihre äusserste Schicht ist die Stäbchenschicht (stratum bacillosum), bestehend aus cylindrischen Körpern, (je 0,03 mm. lang und 0,0018 mm. dick), die auf der Jacobi'schen Haut senkrecht stehen. In regelmässigen Abständen befinden sich unter den Stäbchen (bacilli) einzelne stärkere mit birnförmiger Anschwellung, welche Zapfen (coni)*) genannt werden. Die Stelle der Sehöffnung gerade gegenüber (d. h. in der Augenaxe) enthält gar keine Blutgefässe, Nervenfasern und Stäbchen; die Zapfen stehen hier am dichtesten und, je weiter davon, desto vereinzelter. Hier ist der Bezirk des deutlichen Sehens, und sicher liegt die Ursache davon in dem besondern anatomischen Bau dieser Stelle. Nur solche Gegenstände werden wirklich erkannt, deren Bild hierher fällt. Auf der Stäbchenschicht liegt die Körnerschicht (stratum granulosum), darüber die Kugelschicht (stratum globulosum).. Letztere enthält geschwänzte Zellen von Gehirnmasse. Die oberste und innerste Schicht, die Nervenhaut (tunica nervea) ist durchscheinend und wird vorzugsweise durch die Fasern des Sehnerven gebildet, deren Ausläufer gegen die Kugelschicht sich umwenden und in Schleifen zu enden scheinen. Die Nervenhaut liegt im Bezirk des deutlichen Sehens etwas tiefer (fovea centralis) und zerreisst daselbst im Augenblick des Todes.

Von den Zapfen und Stäbchen aus dringen die sogenannten Radialfasern durch die andern Schichten hindurch bis gegen die Nervenhaut, ohne dass aber ein directer Zusammenhang mit den Fasern des Sehnerven nachgewiesen werden könnte. Trotzdem muss man für die Erklärung des optischen Vorganges gewisse Beziehungen annehmen.

*) In neuester Zeit will man an den Zapfen ringartige Glieder bemerkt haben.

Dem Linsenrand gegenüber ist die Aderhaut mit der Sehnenhaut durch den ringförmigen Spannmuskel verwachsen; ebenso an einer zweiten Stelle, da wo die Hornhaut beginnt. Von hier aus nimmt die Regenbogenhaut ihren Anfang. Sie gilt deshalb für eine Fortsetzung der Aderhaut. Die mittlere Schicht derselben enthält strahlen- und ringförmige Gebilde für den Zweck der Ausdehnung und Zusammenziehung. Zwischen jenen beiden Verwachsungsstellen befindet sich der Schlemm'sche Canal, wahrscheinlich ein Blutgefäss. Eine andere Fortsetzung der Aderhaut ist der Ciliarkörper (corpus ciliare). Derselbe liegt einerseits am Spannmuskel, andrerseits dicht auf Glashaut und Linse. Er bedeckt vorn den Rand derselben mit einem schwarzen Kranz von etwa 70 Falten, die sich entsprechenden in der Glashaut und Linse anfügen. Rückwärts reicht er bis zur ora serrata der Netzhaut.

Um den Linsenrand herum, auf zwei Seiten von der Glashaut eingeschlossen, führt das Strahlenblättchen (zonula Zinnii); wobei aber in der Mitte noch ein freier Raum, der Petit'sche Canal, übrigbleibt.

Die Sehnerven beider Augen durchkreuzen sich, ehe sie beim Gehirn eintreffen, an einer Stelle, welche das chiasma opticum genannt wird. Diese Kreuzstelle ist eingehend untersucht worden, und dabei hat sich Folgendes herausgestellt. Ein Theil der Nervenfäden des rechten Sehnerven geht zur rechten Gehirnhälfte, ein Theil zur linken. Dasselbe gilt von den Fäden des linken Sehnerven. Ausserdem aber haben beide Nerven noch gemeinsame Fäden, welche einerseits die beiden Augen mit einander verbinden, andererseits die beiden Gehirnhälften. Eine eigentliche Durchkreuzung findet natürlich nur für diejenigen Nerven statt, welche das rechte Auge mit der linken Gehirnhälfte, sowie für die, welche das linke Auge mit der rechten Gehirnhälfte verbinden.

Ausser dem Sehnerven dringen noch andere feinere Nerven vereinzelt durch die harte Haut in den Augapfel hinein. Ebenso Blutgefässe. Der Sehnerv selbst führt eine Arterie und eine Vene mit sich.

Drei Paare von Muskeln sind äusserlich dem Augapfel

angeheftet und vermitteln die verschiedenen Bewegungen desselben. Das erste Paar, der innere-gerade und der äussere-gerade Muskel, drehen ihn um seine verticale Axe. Das zweite Paar, der obere-gerade und der untere-gerade Muskel, drehen ihn um eine horizontale Axe, welche stärker nach innen geneigt ist als die Hauptaxe (die geradlinige Verbindung der Sehöffnung und des gelben Flecks). Der obere-schiefe und der untere-schiefe Muskel dagegen drehen den Augapfel um eine horizontale Axe, die stärker nach aussen geneigt ist. Alle drei Drehungsaxen gehen durch denselben Punkt, welcher zugleich der Mittelpunkt des ganzen Augapfels ist. Die geraden Muskeln entspringen in der Tiefe der Augenhöhle um das foramen opticum herum. Nicht weit davon der obere schiefe Muskel, welcher in der Gegend des Thränenwinkels über eine, am Stirnbein befestigte, knorpelige Rolle läuft, von hier sich nach rückwärts wendet und hinter den geraden Muskeln an den Augapfel anheftet. Der untere schiefe Muskel hat seinen Anfang am Rande der Augenhöhle und verliert sich aussen auf der harten Haut.

Nach ihren Vorrichtungen können die Theile des Auges folgendermassen übersichtlich zusammengestellt werden.

A. Schützende Theile: Harte Haut, Augenlider mit Wimperhaaren, Regenbogenhaut, Aderhaut u. s. w., dessgleichen die Bindehaut, welche sensitive Nerven enthält, und das heftige Schmerzgefühl veranlasst, das jeder Verletzung des Auges folgt.

B. Lichtbrechende Theile: Bindehaut, Hornhaut, Wrisberg'sche Haut, Augenwasser, Linse, Glas und Glashaut.

C. Leitende Theile, Netzhaut und Sehnerv.

D. Bewegende Theile, wozu sämmtliche Muskeln zu rechnen sind.

E. Ernährende Theile: Blutgefässe.

Im leeren Raume pflanzt sich das Licht geradlinig fort. Aber schon durch unsere atmosphärische Luft werden seine Strahlen von ihrer ursprünglichen Richtung abgelenkt. Da, wo sie in die Oberfläche eines dichteren Mediums eindringen, werden sie dem Loth auf jene Fläche näher gebracht, um dann in der neuen Richtung so lange zu verharren, bis Dichtigkeit oder Stoff sich wieder ändern. *) Der Grad dieser Ablenkung oder Brechung ist für die verschiedenen Stoffe im allgemeinen verschieden; aber für denselben ist das Verhältniss des einfallenden zum abgelenkten Strahl (der Brechungsexponent) beständig; ohne Rücksicht auf die Richtung, aus welcher der Strahl herkam. Dieses Ablenkungsverhältniss ist für die brechenden Medien des Auges ungefähr gleich dem des Wassers, für die Linse allerdings etwas stärker.

Jeder Punkt des Gesichtsfeldes sendet ein kleines Strahlenbündel ins Auge. Der Mittelstrahl des Bündels wird zum Kreuzungspunkt hingeleitet. Derselbe liegt in der Hauptaxe und für gewöhnlich dicht vor der Rückfläche der Linse. Von da ab gehen diese Strahlen wieder auseinander und dringen bis auf den Grund der Netzhaut, wo sie das bekannte Netzhautbild erzeugen.

Wenn das Bild deutlich ausfallen soll, so müssen sämmtliche Strahlen desselben Bündels in einem Punkt zusammentreffen und dieser Punkt zugleich in der Netzhaut liegen. Treffen sie früher oder später zusammen, dann zeigt sich im Bilde anstatt des Punktes ein sogenannter Zerstreuungskreis. Die verschiedenen Zerstreuungskreise gehen durcheinander und das Gesammtbild erscheint verschwommen und unklar.

Man kann aber dem entgegenwirken, entweder dadurch, dass man Auge und Gegenstand in die rechte Entfernung bringt, um den Vereinigungspunkt in der Netzhaut zu erhalten, oder die Dichtigkeit der Medien, Krümmung und Abstand ihrer Flächen verändert. In Folge dessen werden die Lichtstrahlen in stärkerem oder schwächerem Maasse abgelenkt. So hat man es in der Gewalt, den Vereinigungspunkt auf die rechte Stelle zu führen. Das Letztere findet thatsächlich statt. Unser Auge richtet sich beim Sehen fortwährend für die verschiedenen, in Betracht kommenden Entfernungen ein; und zwar geschieht dies ohne Absicht und ohne Bewusstsein

---

*) Es giebt freilich einige wenige Stoffe, welche, obgleich weniger dicht, stärker ablenken als andere.

des Vorgangs. So ist das Netzhautbild des beobachteten Gegenstandes für den Augenblick vollkommen klar. Diese Fähigkeit wird das Accomodations- (Anpassungs-) Vermögen genannt. Man nimmt *) allgemein an, dass der Linse dabei die Hauptrolle zufällt, dass sie sich mehr oder weniger nach vorn drängt und dabei die Krümmung ihrer Vorderfläche verändert; das eine Mal findet dann stärkere Wölbung am Rande (ellipsoïd-ähnlich), das andre Mal desgleichen in der Mitte (paraboloïd-ähnlich) statt. Jene entspricht der grösseren Entfernung, diese der kleineren; wo die Anpassung für jene mangelhaft ist, herrscht Kurzsichtigkeit, umgekehrt Weitsichtigkeit. Die bequemste Entfernung für ein normales Auge beträgt 25 cm.

Die Regenbogenhaut ist so eingerichtet, dass sie die Sehöffnung nach Bedürfniss verengern oder erweitern und dadurch z. B. jedes Uebermaass von Licht abhalten kann; sowie auf die störenden seitlichen- oder Randstrahlen, welche sich mit den mittleren nicht überall gut in einem Punkt vereinigen lassen. Es hängt dies von der besonderen Krümmung der Flächen ab. Für die Kugelfläche bezeichnet man diese Regelwidrigkeit als sphärische Aberration. Dem Auge wird sie also erspart. Und weiter. Die Strahlen, sowie sie zum Auge gelangen, sind im allgemeinen nicht einfach, sondern aus mehreren von verschiedener Farbe zusammengesetzt. Diese Strahlen von verschiedener Farbe werden durch die brechenden Medien nicht im gleichem Maasse abgelenkt und also auseinandergelegt. In Folge dessen entstehen die bekannten farbigen Säume. Es giebt aber Mittel, die Farbenzerstreuung (chromatische Aberration) bis zur Unmerklichkeit aufzuheben. Auch die Zusammensetzung der Medien des Auges ist eine derartige, dass die Farbenzerstreuung dadurch beseitigt wird. So trägt dieser wundervolle organische Bau den Stempel der Vollendung.

Das Auge ist eine Dunkelkammer oder camera obscura und enthält wie diese eine Linse und eine Bildfläche. Ebenso ist auch im Bilde desselben (wie man an todten Augen sehen

---

*) n. Descartes.

kann) oben und unten, rechts und links mit einander vertauscht. Wir wissen und erfahren davon an uns selber nichts, und müssen daraus schliessen, dass das Netzhautbild mit dem bewussten Sehen direct nichts zu thun hat. Im Gegentheil: wir beschreiben den Weg jedes Lichtstrahls, der in unser Auge fällt, rückwärts und projiciren unsre Wahrnehmung in die Aussenwelt hinein. Für die Richtung des Lichtstrahls giebt uns die Axe des erregten Netzhautstäbchens den Anhalt. Als Beweis kann uns das sogenannte Druckbild, eine subjective Vorstellung unseres Sehorgans, dienen. Drückt man nämlich mit der Fingerspitze den einen Augenwinkel (am besten den innern), dann zeigt sich gegenüber eine ringartige Lichterscheinung, welche bei zunehmendem Druck grösser wird; welche sinkt, wenn der Finger aufwärts steigt, und steigt, wenn der Finger abwärts bewegt wird: genug, sich in allem so verhält, wie eine Projection der erregten Netzhautstäbchen.

Der Kreuzungspunkt der Mittelstrahlen fällt übrigens mit dem Krümmungsmittelpunkt des wichtigeren Theiles der Netzhaut zusammen, und desshalb können die Winkel je zweier solcher Strahlen durch den dazwischenliegenden Bogen auf der Netzhaut gemessen werden.

Mit dem Netzhautbild hat jedenfalls die eigentliche Lichtwirkung ihr Ende erreicht, und die Sehnervenfasern, welche die oberste und innerste Schicht bilden, haben nun die Aufgabe, den Eindruck vom Grunde (d. h. von der Jacobi'schen Haut) herauf, weiter und durch den Sehnerven hindurch zum Gehirn zu leiten. Auf diesem Wege begegnen sich die Erregungen von beiden Sehnerven im chiasma, der Kreuzungsstelle. Hier sind die Fasern so eigenthümlich verflochten, dass der Rapport von jedem Auge zu jeder Gehirnhälfte, ausserdem von Auge zu Auge und von Gehirnhälfte zu Gehirnhälfte ermöglicht ist. Uebrigens kann die Function des Sehnerven gar nicht angezweifelt werden, wenn man bedenkt, wie die Zerstörung desselben (z. B. durch Krankheit) die unheilbare schwarze Staarblindheit zur Folge hat; wobei gleichzeitig das übrige Auge ganz gesund sein kann.

Das Netzhautbild ist also nicht nur verkehrt, sondern

auch doppelt vorhanden. Wieder ein Grund, um die eigentliche Wahrnehmung wo anders, als im Sinnesorgan zu suchen. Des Letzteren, der Verdoppelung nämlich, können wir uns unter Umständen deutlich bewusst werden. Doch davon später mehr. Wenn uns das einzelne Bild die Richtung des Objectes zeigt, (abgesehen von den Abweichungen, die dem Organ nicht zur Last fallen) so gestattet das zweite, nun auch Lage und Entfernung desselben zu bestimmen. Wir wollen einen Punkt genau beobachten und stellen desshalb unser Sehorgan dafür ein durch Accommodation und Convergenz der Sehaxen. Es fällt nun in jedes Auge ein Mittelstrahl, der die Axe bis zum Pol durchläuft. Auf diesen Strahlen wandern wir gewissermaassen wieder hinaus, und wo beide zusammentreffen, dahin setzen wir den Objectspunkt. Wir haben eben zwei Bilder, und da die Richtung der Projectionsstrahlen bekannt ist, so ergiebt sich daraus auch die Lage des Punktes im Raum. Haben die Strahlen, ehe sie zu uns gelangten, eine Ablenkung erfahren, dann werden wir freilich fehlerhaft schätzen, jedoch für dasselbe Medium immer noch das Verhältniss der Entfernungen untereinander richtig. Der eine Objectspunkt, dessen Mittelstrahl mit der Sehaxe zusammenfällt, kommt eigentlich nur in Betracht, weil er allein fixirt und mit grösserer Deutlichkeit wahrgenommen wird, wenn auch benachbarte Punkte derselben Entfernung daran in schwächerem Grade theilnehmen. Je ferner der Punkt liegt, desto spitzer wird der Convergenzwinkel, desto unsicherer das Urtheil über die Entfernung. Das räumliche oder stereoscopische Sehen hängt mit der Verdopplung unseres Organs eng zusammen, ohne gerade dadurch allein bedingt zu sein. Das einzelne Auge steht nämlich nie ganz ruhig, der Gesichtseindruck verändert sich also jeden Moment. Dabei nimmt man deutlich wahr, wie ferne Dinge sich hinter nahen hin und her bewegen, — ein Eindruck, den uns flache Bilder nie machen können. Hierbei spielt aber auch die Erfahrung eine grosse Rolle. Wir kennen Form und Farbe sehr vieler Dinge, und wissen, in welcher Art dieselben durch die Perspective der Natur verändert werden. Aber wo uns die Erfahrung im Stich lässt, da zeigt sich immer, was wir wirklich erkennen und was wir schliessen. Ein Berg däucht uns bei dichtem Nebel ferner, weil wir gewöhnlich nur sehr ferne Gegenstände so luftfarbig sehen, und gleichzeitig höher, weil die scheinbare Höhe trotz der geschätzten bedeutenderen Entfernung dieselbe geblieben ist.

Scheffler erwähnt in seinem Werk über physiologische Optik das kulissenartige Ansehen von Stereoscopbildern. Ich muss hinzufügen, dass ich in der Natur, an einer bis dahin nie gesehenen Gebirgspartie, eine ganz gleiche Beobachtung gemacht habe. Die deutliche Vorstellung von allen räumlichen Ausdehnungen eines Gegenstandes kann sich ja nicht sofort beim ersten Anblick einstellen: sie erwächst vielmehr aus einer. Summe von Eindrücken.

Ich habe wiederholt dahin zielende Versuche angestellt und bin stets in meiner Ansicht mehr bestärkt worden, die ich desshalb hier aussprechen will: **ein einzelnes und durchaus feststehendes Auge sieht nicht räumlich.** Wir täuschen uns aber darüber leicht, indem wir unser Wissen mit unserm Sehen vermengen. Wie schwer die einzelne Sinneswahrnehmung rein und unverfälscht zum Bewusstsein zu bringen ist, darüber belehren uns unsere Schüler, wenn wir sie im Zeichnen nach Modellen und nach der Natur unterweisen.

Die beiden Augen sind gewöhnt zusammen zu arbeiten. Ihre Accommodationsbewegungen sind immer gleichzeitig, und selbst ein mit der Hand verdecktes Auge sucht sich ebenso einzustellen wie das andere. Dazu tritt beim anhaltenden Gebrauch des einen Auges Ermüdung ein; man hat bald erkannt, dass die beiden Augen sich fortwährend ablösen. Wir kommen damit zur Theorie der „identischen Netzhautstellen". Diese lehrt, jede vom Gehirn kommende Sehnervenfaser spalte sich im chiasma, und ende, der rechte Zweig im rechten Auge, der linke im linken auf je einem Stäbchen. Beide Stäbchen gehören also zu derselben Faser und werden desshalb identische oder correspondirende Stäbchen genannt. Sie stehen auf derselben Seite und in gleicher Entfernung vom Pol *). Es sollen nun die beiden Bilder eines Objectspunktes auf identische Stäbchen fallen. So wird es ermöglicht, dass die Gesammtwahrnehmung bleibt, während nur die ausgeruhten Stäbchen thätig sind, die ermüdeten dagegen ruhen. Wir haben also nicht in jedem Moment zwei Bilder, sondern eins, aus zwei Hälften bestehend. Wie diese Hälften zusammengefügt sind, soll sich gleich zeigen. Zwei verschieden gefärbte Stereoscopbilder (die übrigens ganz flache Figuren darstellen dürfen) geben nämlich ein Gesammtbild, das aus Flecken der einen und solchen der anderen Farbe zusammengesetzt ist. Diese Flecken bleiben nicht, sondern gehen fortwährend aus einer Farbe in die andere über, so dass ein beständiges Hin- und Herwogen beider Farben wahrgenommen wird. Für die identischen Netzhautstellen spricht ferner Folgendes. Das früher erwähnte subjective Bild, durch Druck auf den Augapfel erzeugt, erscheint nämlich sowohl im gedrückten, als auch gleichzeitig im anderen Auge, und zwar ganz so, als wenn gleichzeitig auf die identische Partie gedrückt würde. Ich selbst sehe das sehr deutlich beim Druck auf einen äusseren Augenwinkel. — Wer in das Stereoscop hineinblickt, beobachtet, wie die beiden Bilder sich gegeneinander bewegen, bis zu dem Augenblick, wo sie sich decken. Man erklärt dies dahin, dass die identischen Stäbchen das Bestreben haben, sich auf die entsprechenden Bildpunkte zu richten, und so die stereoskopische Wirkung hervorrufen. Dies Bestreben ist so energisch, dass auch nicht vollkommen gleiche Bilder zur Deckung gelangen. Sind sie von verschiedener Farbe, dann giebt es stereoskopischen Glanz; von verschiedener Gestalt desgl. Plastik, die um so reiner zum Ausdruck gelangt, je näher die beiden Bilder zwei Projectionen desselben Gegenstandes stehen. Zwei gleiche Bilder vereinigen sich ohne derartige Wirkung. Die Stäbchen stehen rechtwinklig auf der Jacobischen Haut. Es scheint aber, als wenn sie sich zur Seite neigen könnten. Gewisse eigenthümliche Wahrnehmungen

---

*) Nicht etwa symmetrisch. Solche werden vielmehr homolog genannt.

dürften sich nicht leicht anders erklären lassen, z. B. die, dass eine getheilte Linie stets für länger gehalten wird, als eine ungetheilte. Die getheilte Linie erregt mehr Aufmerksamkeit und lässt die Stäbchen dichter zusammenrücken. Durch directe Beobachtung kann dies freilich nicht festgestellt werden.

Kapitel III.
Der Farbensinn.

Werden die Farben von allen Menschen in gleicher Weise empfunden? Sind die Alten feinere Farbenkenner gewesen oder sind wir's? Es ist in neuerer Zeit zur Beantwortung dieser Fragen viel geschehen, und habe ich in dem Folgenden das mir zugängliche Material zusammengestellt. Der bessern Uebersicht wegen, wollen wir die geschichtliche Entwickelung des Farbensinnes zuerst in Betracht ziehen. Die ältesten Nachrichten, welche wir besitzen, bezeugen unwiderleglich, dass die Unterscheidung ehedem mangelhaft gewesen ist und sogar die Wahrnehmung zum Theil schwach. Wenn im Homer, in den altindischen Dichtungen und in der Bibel (cf. Luther's Uebersetzung) der Himmel nicht ein einzig Mal „blau" genannt wird: dann müssen wir annehmen, die Alten haben nicht gewusst, dass er blau ist, d. h. zu jener Zeit, aus welcher die genannten Schriften stammen. Verschwiegen hätten sie uns eine solche Wahrnehmung sicher nicht. Nun mögen ihnen ja andere Eigenschaften der Dinge wichtiger und interessanter gewesen sein, als der wechselnde Schein der Farben. So war vielleicht die Grundanlage bei ihnen dieselbe wie bei uns. Aber jedenfalls fehlte ihnen die Ausbildung. Bei den Griechen und Römern finden sich Bezeichnungen wie $\varkappa v \alpha v \varepsilon o \varsigma$, caeruleus, welche heute mit dem deutschen Worte blau übersetzt werden. Ob sie aber dort auch dieselbe Bedeutung gehabt haben, ist nicht ganz sicher. Das Letztere heisst eigentlich „wachsfarben." Nach der Farbe ihres Haares nannten sich die Griechen $\varkappa v \alpha v \omega \vartheta \varrho \iota \xi$, was sich doch wohl nur mit „schwarzhaarig" übersetzen lässt. Tiefschwarzes Haar hat freilich oft einen bläulichen Schimmer. Es geht daraus hervor, dass die Grenzen bei Jenen nicht zu enge gezogen und Farben, die wir trennen, unter ein und dieselbe Bezeichnung zusammengefasst wurden. Als besonders dehnbar galten: χλωρος (Grün), ὀχρος (Gelbbraun) und πορφυρος (Purpur, d. h. Violettroth). Noch mehr muss es uns befremden, wenn Homer den Regenbogen nicht bunt, sondern purpurfarben nennt. Da drängt sich doch die Vermuthung auf, dass auf ihn die rothe Farbe einen besonders starken Eindruck gemacht hat, wogegen die andern mehr und mehr zurücktraten. Namentlich aber die blaue, die weder so feurig ist, wie die rothe, noch so licht, wie die gelbe. Dafür spricht auch, wenn von den ältesten griechischen Malern berichtet wird, sie hätten nur mit Roth, Gelb, Schwarz und Weiss gemalt. (Noch auffälliger ist, dass die Chinesen ihre Farben auf die 5 Gruppen des Rothen, Gelben, Grünen, Schwarzen und Weissen vertheilen.)

Wie verhalten sich nun unsere eignen Vorfahren zur Sache? Sämmtliche Farbenbezeichnungen haben ursprünglich eine andere Bedeutung; sogar das Wort „Farbe" selbst. Roth bezieht sich auf das Blut. Grün kommt von einem alten Zeitwort, welches unserm „wachsen" etwa entspricht. Grau ist damit ebenfalls verwandt. Gelb soll mit hell (und auch mit Galle) zusammenhangen; braun mit brennen; blau von blagen *) (qualmen) wird auch mit dem lateinischen flavus (blond) in Beziehung gebracht. Weiss kommt von weit. Schwarz, violett und orange sind Lehnwörter, und zwar die beiden letzteren von neuerem Datum. Wir sehen also auch hier, wie sich die Aufmerksamkeit den Farben erst allmählig zugewandt hat und die Unterscheidung nach und nach immer schärfer geworden ist.

Es wäre aber immer noch denkbar, dass die Menschen früher und anderswo einen feineren Geschmack in Bezug auf passende und angenehm wirkende Farbenzusammenstellungen gehabt hätten. Und man hat auch wiederholt den Farbensinn

---

*) black (engl.) schwarz.

anderer Völker (und Zeiten) auf unsere Kosten gerühmt. Wie mir scheint, mit Unrecht. Dabei wurden unsere matten, unbestimmten Modefarben und unser beliebtes Grau hart mitgenommen; als ob diese nicht gerade bezeugten, wie fein unser Unterscheidungsvermögen geworden ist. Die Freude an lebhaften und reinen Farben ist bei wilden Völkern besonders stark, und wo sie ausschliesslich besteht, deutet sie auf das Vorwiegen des sinnlichen Elementes und eine niedere Culturstufe. Wir besitzen in unserm Heer ein Institut, welches die Aufgabe hat, den derben Sinn und die Kraft unserer Vorfahren zu erhalten. Deshalb die bunten und glänzenden Uniformen, deshalb die rauschende Musik. Die militärische Sitte, vom Leichenbegängniss mit lustigen Weisen heimzukehren, steht doch sonst im grellen Gegensatz gegen unsere moderne Art zu empfinden.

„Da die reine Farbenwirkung kein Gegenstand praktischer Bemühung des Menschengeschlechts gewesen ist, so sind die Erfahrungen in diesem Gebiete mangelhaft und die Ansichten darüber unsicher. Die Aufklärung wird noch durch die Mitwirkung der Form erschwert, da sehr leicht eine Wirkung, welche lediglich der Form, oder welche der Concurrenz von Form und Farbe zukommt, der Farbe allein zugeschrieben werden kann." (Scheffler.)

Von dem Blau der Triglyphen (am dorischen Tempel) hob sich das kräftige Braunroth der Metopen vortheilhaft ab. Wohl! aber man bedenke, dass für jene Zeit eine grosse Auswahl von geeigneten Farbstoffen nicht vorhanden war; dass man von den vorhandenen jedenfalls diejenigen auswählte, die den gewünschten ausgesprochenen Gegensatz darboten. Mehr darf man nicht darin suchen. Aber schon in dieser Erkenntniss liegt bedeutender Gewinn. Aehnliche Farbenverbindungen, wie die erwähnte, findet man in altchristlichen Kirchen. Subtile Aesthetiker waren es jedoch sicher nicht, die für das ältere Blau und Roth das spätere Grün und Roth zur Anwendung brachten. Sie mussten sonst wissen, dass dasselbe Roth nicht zu Grün und Blau gleich gut passt.

Die rechten Farbekünstler sind die Araber (Mauren u. s. w.), und das Musterwerk, aus dem wir alle lernen sollen, das ist das Alhambra-Ornament (wovon Nachbildungen in der stuttgarter Gewerbehalle). Dort sind die einzelnen Farben nicht nur als solche different, sondern sie unterscheiden sich auch in Bezug auf ihre Leuchtkraft. Dadurch wird der Gegensatz noch verstärkt und, was die Hauptsache ist, das Verständniss erleichtert. In der That wirkt jede Verbindung zweier Farben von gleicher Lichtstärke peinlich für unsern Sinn. Wir haben eben so starke Neigung zu differenziren, dass wir selbst die gleiche Intensität verschiedener Farben nur in seltnen Fällen als solche erkennen. — Ein Kunstwerk von monumentaler Bedeutung soll für sich sprechen und bedarf deshalb kräftiger Mittel. Die einseitige Verwendung gebrochner Farben hat etwas Krankhaftes und Schwächliches; die einseitige Verwendung reiner Farben etwas Rohes. Die Farbenkunst hat beides zu verbinden und, je nach Bedürfniss, die eine oder die andre Weise voranzustellen.

Alle Anzeichen sprechen dafür, dass wir in Bezug auf farbige Darstellungen der Vollendung immer näher kommen. Die Malerei hat, auf dem ihr allein eignen Gebiet der Farbe, bis in die neueste Zeit hinein beständig Fortschritte gemacht. Es genügt, an Künstler wie Eduard Hildebrand und Hans Makart zu erinnern. So bleibt uns nur noch übrig, dass wir das, was begabte Menschen unbewusst geübt haben, wissenschaftlich begründen und, in seinen Elementen wenigstens, für Alle zugänglich machen.

Wir kommen nun auf die ästhetische Bedeutung der Farben im Einzelnen und in Zusammenstellungen, müssen aber zuvor zweierlei scharf trennen, was gewöhnlich vermengt wird. Ein Kunstwerk niederen Ranges hat sich dem Gesetz weit strenger unterzuordnen, da ihm der Genius nicht zur Rechtfertigung dienen kann. Die Wirkung der Farben ist selbst Zweck. Wegen der grössern Freiheit aber auf der andern Seite wird man die sog. Farbenharmonielehre nicht ohne Weiteres aus einer grössern Anzahl classischer Gemälde ableiten dürfen. Es handelt sich um ein rein subjectives Verhalten, mit einem Wort um dasjenige, was uns in Bezug auf Wahl und Zusammenstellung der Farben gefällt. Der Farbenschmuck der Natur kann auch nicht zur Richtschnur genommen werden, wenigstens nur, insoweit wir uns über die Concurrenz der Form schon klar geworden sind. So war der Naturalismus auf dem Gebiet der Farben ebenfalls ein Irrthum. Die meiste Aussicht auf Erfolg hat eine mathematische Construction, welche den physiologischen Verhältnissen Rechnung trägt. Immerhin soll man aber mit Vorsicht verfahren. Der Theorie zu Liebe darf dem Geschmack keinenfalls Gewalt angethan werden.

Weiss, Grau und Schwarz haben keinen bestimmt ausgesprochenen Charakter (als Farben), und damit verträgt es sich ganz gut, wenn sie beim Volke als Symbole der Unschuld, des Todes u. s. w. gelten. (Im physikalischen Sinne gehören sie gar nicht zu den Farben. Näheres darüber an einer andern Stelle.)*) Im Gelben herrscht Licht und Klarheit. Diese Farbe ist freundlich, aufstrebend, wirkt anregend. Sie trübt und beschmutzt sich aber leicht, und daraus erklärt sich die abfällige Beurtheilung im Volksmund. Man spricht von gelbem Neid und gelber Falschheit. In ihrer höchsten Reinheit rechtfertigt die Farbe solche Missgunst nicht. Das Roth ist voller Leben und Energie; es steht auf der Höhe, und in ihm spricht sich das Wesen der Farbe am entschiedensten aus. (Bekanntlich greift rothes Licht die Augen am meisten an.) Die Symbolik geht mit dieser Erklärung Hand in Hand. Man deutet die rothe Farbe nur auf starke Empfindungen, wie Liebe, Muth. Im Blauen haben wir vom Gelben das Gegentheil. Es ist sänftigend, beruhigend, es neigt sich herab. (Blaues Licht greift die Augen am wenigsten an.) Deshalb Sinnbild der Treue und Beständigkeit, jener sanfteren Gefühle. Orange und Violet nehmen Zwischenstellungen ein. Jenes steht zwischen Gelb und Roth, dieses zwischen Roth und Blau. Sie tragen beide, wenn auch in verschiedener Weise, ein Gepräge von Leidenschaft und Unruhe. Violet namentlich ist die Farbe der Schwermuth. Ebenso wie das Rothe, steht auch das Grüne zwischen dem Gelben und Blauen, ist aber in Bezug auf seinen

---

*) s. Kapitel I.

Charakter vollkommener Gegensatz dazu. Es trägt in sich ebenso viel Leben, aber in mehr passivem Sinne; daher Symbol der Hoffnung. Will man die Farben mit den vier Temperamenten zusammenstellen, so passt für Grün nur das phlegmatische, für Roth nur das cholerische Temperament u. s. w. Mehr darf man in den Farben an und für sich nicht suchen, ohne ihr Wesen zu verkennen. Damit ist nicht gesagt, dass man nicht mehr und Bestimmteres hineinlegen kann. Im Gegentheil, gerade ihre Unbestimmtheit macht sie deutungsfähig und darum als künstlerisches Material so schätzbar.

Farbenverbindungen zu zweien und dreien können wir sehr gut auf einer Flaggenkarte studiren. Da fällt uns bald auf: die meisten bestehen aus Weiss mit einer oder zwei reinen Farben. Die Tricoloren sind oft so eingerichtet, dass Weiss die andern Farben trennt.

Weiss hat, wie gesagt, keinen bestimmten Charakter und stört deshalb um so weniger die normale Wirkung der andern. Dasselbe würde auch Schwarz thun, während Grau wegen seiner mittleren Helligkeit leicht mit einer reinen Farbe in Concurrenz tritt. So dienen Weiss, Schwarz und passendes Grau jenen andern als Folie. Diese Beziehung sollte auch in Verbindungen reiner Farben immer stattfinden. Darauf weist ferner hin, dass gelegentlich, wie in der Heraldik, Weiss und Gelb durch Silber vertreten wird.

Ehe wir weiter gehen, müssen wir des eigenthümlichen Verhaltens gedenken, welches unser Auge den Farben gegenüber zeigt. Wir sehen nämlich die Farben nur allein oder in einer unbestimmt farbigen Umgebung so, wie sie sind.*) Aber die Umgebung nimmt allmählig auch einen Schein von Farbe an, und zwar von einer solchen, die mit jener ersten das geringste Maass von Verwandtschaft hat, ihr gleichsam entgegengesetzt ist. So bekommt z. B. der graue (weisse, schwarze) Untergrund einer lebhaften rothen Figur grünlichen Schein. Man hat daraus erkannt, dass Roth und Grün im stärksten Gegensatz stehen, dass sie Contrastfarben sind.

*) Wenn es für den Augenblick gestattet ist, die Farben wie etwas Reales anzusehen.

Die Farben lassen sich so in einem Kreise unterbringen, dass je zwei Contrastfarben diametral gegenüberstehen, an der Peripherie aber die nächstverwandten nebeneinander.

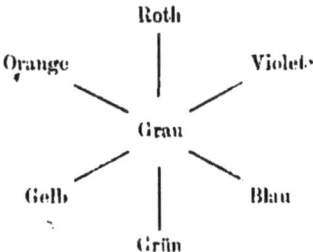

Es tritt neben das objective
Roth ein subjectives Grün, desgl. neben

Orange	„	Blau,	„	„
Gelb	„	Violet,	„	„
Grün	„	Roth,	„	„
Blau	„	Orange,	„	„
Violet	„	Gelb,		

wie man solches bei farbiger Beleuchtung an den schattigen Theilen deutlich wahrnehmen kann.

Damit müssen wir rechnen; denn wenn wir zwei Contrastfarben nebeneinanderstellen, so verstärkt jede den Charakter der andern, d. h. sie heben sich gegenseitig. Und allgemein erscheinen je zwei verschiedene Farben in der Verbindung differenter, als sie in Wirklichkeit sind. Es wird jede durch den Contrastschein von der andern etwas entfernt.[*]

Die generelle Bestimmung der Contrastwirkung lautet nach Scheffler so: Eine Grösse A erscheint uns in irgend einer Richtung um so bedeutender, je unbedeutender die Vergleichsgrösse B in derselben Richtung oder je bedeutender dieselbe in der entgegengesetzten Richtung ist.

Wir können hinzufügen, dass geringe Differenzen neben grösseren leicht übersehen werden; für sich allein werden sie dagegen wieder überschätzt.

---

[*] Chevreul.

Bezieht man obenstehenden Kreis der Contrastfarben auf Pigmente (Farbstoffe), wie solche unsern Vorstellungen von den Farben etwa entsprechen, dann macht man die eigenthümliche Beobachtung, dass je zwei mit einander gemischt eine dritte geben, die auf der geradlinigen Verbindung beider in der Mitte liegt. Also:

Gelb + Violett = Grau.
Roth + Grün = Grau.
Blau + Orange = Grau.

Grau ist vollständig neutral und enthält alle reinen Farben zu gleichen Theilen. Man nennt die Contrastfarben deshalb auch wohl Complementärfarben, indem man Grau als eine tiefere Stufe des Weissen betrachten darf. Doch gilt dies nur für die Mischung von Farbstoffen und nur so weit sie dabei in ihrem chemischen Verhalten nicht beeinträchtigt werden. Indem sich Grau auch aus Schwarz und Weiss mischen lässt, werden letztere ebenfalls zu den Contrast- und Complementärfarben gezählt. Man kann fortfahren: die

Mischung Gelb + Roth liegt zwischen Orange und Grau
Mischung Gelb + Blau liegt zwischen Grün und Grau
Mischung Roth + Blau liegt zwischen Violet und Grau.

Und so ist es wirklich. Allerdings giebt Karmin + Ultramarin ein sehr schönes Violet, aber beide stehen dem Violet auch schon viel näher, als unsre abgezogenen Begriffe Roth und Blau.

Mit der Farbe zugleich denken wir auch den Grad ihrer Leuchtkraft, und zwar für gewöhnlich so, wie beim Regenbogen: Gelb ist am hellsten, Blau am dunkelsten. Man hat vorgeschlagen, für die drei wichtigeren „Gelb, Roth, Blau" die Sättigung nach dem Verhältniss des goldenen Schnittes zu bestimmen. Das lässt sich annähernd ausdrücken durch 3 : 5 : 8. Durch Berechnung findet man die andern, z. B. Grün = $\frac{3+8}{2}$ = $5\frac{1}{2}$

u. s. w. Es sind also zwei Farben nicht nur als solche, sondern auch als Lichter verschieden, und dadurch wird die so peinlich wirkende Concurrenz von vorn herein ausgeschlossen. Für Menschen mit fehlerhaftem Farbensinn ist dies ganz unentbehrlich, denn solche haben von gewissen verschiedenen

Farben ganz gleichen Eindruck. Die Contrastfarben treten auch noch bei anderer Gelegenheit auf. Wenn nämlich das Auge durch eine sehr lebhafte und leuchtende Farbe betroffen wird, so bleibt der Eindruck längere Zeit haften, und mit jedem Augenblick glauben wir dasselbe wieder zu sehen, auch wenn wir nach einer ganz andern Richtung hinblicken. Diese Täuschung wird das Nachbild genannt. Während die äussere Begrenzung des Nachbildes im wesentlichen dieselbe bleibt, verändert sich die Farbe vorübergehend in die Contrastfarbe. Dieses negative Nachbild zeigt also ein ganz reciprokes Verhalten und scheint durch die Farbe des Hintergrundes bedingt zu werden (z. B. positiv auf dunklem, negativ auf hellem Grunde oder umgekehrt).

Wir ersehen aus allem, dass in unserm Organ das Bestreben liegt, diejenigen Farben aus sich zu erzeugen, für welche ein äusserer Anreiz nicht vorhanden ist. Ob dies nun in dem einen Fall aus der Ermüdung der empfindlichen Theile des Auges, im andern Fall wieder anders erklärt wird, ist vorläufig von untergeordneter Bedeutung. Die Hauptsache ist: „das Auge verlangt alle Farben und zwar mit solcher Energie, dass es innerlich erschafft, was ihm äusserlich versagt wird." Das erfordert aber Anstrengung, und dadurch wird der normale Zustand für den Augenblick aufgehoben. Blicken wir durch ein farbiges Glas, dann erscheinen die Farben der Natur verändert und gewisse (nämlich jedesmal die Contrastfarbe) ganz ausgelöscht. Der Eindruck versetzt uns in eine besondere Stimmung, die wir zuletzt als Zwang empfinden, bis der Blick mit dem freien Auge das Gleichgewicht wiederherstellt. Aehnliches gilt von Bildwerken, denen einzelne Farben fehlen.

Nun zu den Verbindungen reiner Farben. Durch den übereilten Vorgang anderer gewarnt, möchte ich mich nur mit Vorbehalt äussern. Als günstig gilt jede Zusammenstellung zweier Contrastfarben. Sonst, dünkt mich, wirkt aber auch jede andre Verbindung erträglich, wenn die Glieder verschieden hell sind. Doch mag wohl nicht jede Verbindung auf alle denselben Eindruck machen. Ich selbst empfinde Violet-Orange als beunruhigend. Gelb-Grün wirkt für mich gemein und zwar in stärkerem Maasse, als Grün-Blau (s. Göthes Farbenlehre); Hellblau-Dunkelgrün macht auf mich sogar einen recht angenehmen Eindruck. (Desgleichen Hellgrün-Weiss und das contrastirende Roth-Schwarz. Sonst steht Grau zu Roth und zu Grün gleich gut. Weiss-Grün-Gold und Kobaltblau-Silber halte ich für besonders feine Zusammenstellungen.)

Sollen wir ein Gebilde, z. B. eine Karte, in zwei Farben ausführen und steht uns der ganze Farbenkreis zur Verfügung, so werden wir dieselben möglichst verschieden, d. h. wir werden Contrastfarben wählen. Solcher Farbenpaare giebt es aber unendlich viel, indem wir zwischen je zwei Nachbarfarben beliebig viele Uebergangsstufen (Nüancen) legen können. Verbindungen von 3, 4 und mehr Farben müssten so beschaffen sein, dass die einzelnen Glieder untereinander gleiche Intervalle bilden oder um gleiche Winkel (im Kreise) von einander entfernt liegen. Also je 120°, 90° u. s. w. Die geläufigsten Triaden sind Gelb-Roth-Blau und Orange-Grün-Violet.

Die grellen Contraste passen nicht überall, und wo höhere Rücksichten gelten, da treten die niederen zurück. Soll ein Farbewerk eine besondre Stimmung hervorrufen, dann schliesst man die widersprechenden Farben aus. Je enger die Grenzen, desto entschiedener die Wirkung. Nach der Grösse des Sectors, der zur Verwendung kommt, unterscheidet man verschiedene Arten der Durchführung. Wir wollen uns darauf beschränken, die wichtigsten zu nennen:

1) Isochromie, Gleichfarbigkeit.
Die Unterschiede liegen nur in der Schattirung.
2) Homöochromie, Aehnlichfarbigkeit.
Sector höchstens 60°.
3) Merochromie, Theilfarbigkeit.
S. 60° und mehr.
4) Polychromie, Vielfarbigkeit.
Der ganze Kreis.
(s. Brücke, Physiologie der Farben).

Polychrome Werke haben eine gewisse Frische, sind gleichsam in dur gesetzt. Alle übrigen sind schwächer (stehen in moll). Sie haben einen Stich in eine besondre Farbe. Der gelbliche Stich mancher Gemälde ist leicht zu ertragen, da wir durch das meist gelbliche Sonnenlicht daran gewöhnt sind. So scheint die Natur sonnig durch ein gelbes Glas betrachtet, trübe und winterlich durch ein blaues Glas. Zuletzt haben wir auch noch darauf Rücksicht zu nehmen, dass uns die verschiedenen Farben in verschiedener Entfernung zu liegen scheinen. Dadurch wird die Gleichförmigkeit einer mehrfarbigen Fläche unterbrochen. Die Farbe vicarirt für die Form. Diese Vorstellung verschieden grosser Abstände entlehnen wir aus der Luftperspective und halten deshalb Hellblau für das Fernste, Roth für weniger fern und Dunkelgelb für das Nächstliegende. Haben wir die Absicht, im Beschauer die Illusion verschiedener Entfernungen zu erwecken, wie z. B. im Landschaftsgemälde, dann werden wir gerade solche Farben wählen. Liegt diese Absicht nicht vor, so tritt an Stelle von Hellblau und Dunkelgelb: Dunkelblau und Hellgelb, wodurch Blau näher rückt, Gelb sich weiter entfernt. Damit sind wir wieder bei den Farben unsers Kreises und des Regenbogens angekommen. Der letztere scheint in allen Theilen gleich weit zu liegen, wogegen wir die blaue Luft am Horizont ferner sehen, als im Zenith.

Nach Helmholtz werden die verschiedenen Farben auf der Netzhaut nicht überall gleich empfunden. So soll die rothe Farbe in der Mitte des Gesichtsfeldes besonders lebhaft wirken. Die Beleuchtung übt auch einen wesentlichen Einfluss. Roth verdunkelt sich in der Abenddämmerung, Blau verbleicht. Lampenlicht mischt allen Farben Gelb bei, wodurch Violet und Violetblau grau und unansehnlich wird, Blau grünlich und Roth orange.

Von ähnlicher Wirkung dürfte der sog. Santoninrausch sein, der sich durch Violetblindheit äussert. Dies alles ist nur vorübergehend. Es giebt aber Fehlbildungen des Auges, wo die Empfindung für eine Farbe, richtiger für einen ganzen Sector, fehlt. Was wir oben „Gleichfarbigkeit" und

„Theilfarbigkeit" genannt haben, bezeichnet die Grenzen, über welche die Fähigkeit des Wahrnehmens bei solchen Augen nicht hinausgeht.

Die Farbenblindheit ist von verschiedener Art. Die Farbenblinden, welche ich selbst geprüft habe, bestätigen mir alles, was Göthe in seiner Farbenlehre über Akyanoblepsie mittheilt. Ich musste sie für blaublind halten. Dem Leser ist vielleicht das erwähnte Buch nicht zur Hand. Deshalb bemerke ich, dass solche Individuen an Stelle von Blau Purpurroth sehen, für Grün eine Mischung von Purpurroth und Gelb u. s. w. (Uebrigens beobachtete ich in neuerer Zeit einen Fall, der von allem abweicht, was meines Wissens bisher darüber veröffentlicht worden ist. Patient verwechselt Karminroth und Grün vollständig, während er Orange und Grün deutlich unterscheiden kann.)

Nach Helmholtz ist Rothblindheit am häufigsten. Scheffler hält dafür, dass Farbenblinde die Natur so sehen, wie wir durch farbige Gläser. Es soll auch Individuen geben, welche gar keine Farben unterscheiden können.

Es frägt sich nun: welcher Art ist der Vorgang in unserm Auge, der die Grundlage für die Empfindung der Farben bildet? In der Netzhaut endet der Lichtstrahl als solcher. Die Wellentheorie reicht also zur Erklärung nicht aus. Scheffler glaubt an chemische Zersetzungen auf der Netzhaut. Young's Hypothese handelt von dreierlei Nervenfasern, je eine für eine sog. Grundfarbe. Genug, die Gelehrten sind darüber noch nicht einig. Vielleicht schaffen uns die neuen Untersuchungen von Max Schultze in Bonn einen Anhalt im anatomischen Bau des Auges und speciell der empfindsamen Häute. Die Young'sche Ansicht ist weit verbreitet, und lohnt es wohl, dieselbe zu prüfen. In der Annahme dreier Grundfarben liegt eine gewisse Willkür. Die Farbekünstler entdeckten schon früh, dass man aus den drei Farben Gelb, Roth, Blau durch Mischung auch die andern herstellen kann. Allerdings nie in voller Reinheit und Frische, wollen wir hinzufügen.*) Dazu kommt: wir fassen diese drei Farben je als einfaches auf und belegen daher nur ganz schmale Streifen im Spectrum mit diesen Namen. Aber Young's Fasern entsprechen drei andern Farben, die er Roth, Grün und Violet nennt. Was mich selbst betrifft, so muss ich bekennen, dass diejenigen subjectiven Erscheinungen, Phantasmen genannt, welche im Auge durch Reiben oder Blutandrang entstehen, bei mir fast ausnahmslos in den Young'schen Grundfarben auftreten.

Nach dieser Lehre würde die Empfindung der rothen Farbe auf eine Erregung der Rothfaser des Stäbchens zurückzuführen sein. Steigert sich die Erregung (z. B. bei farbigen Flammen), so wird auch die Grünfaser in Mitleidenschaft gezogen, und das Roth geht in Orange und Gelb über. Setzt es sich weiter fort, dann nimmt auch die Violetfaser Theil, wodurch die Farbe dem Weiss genähert wird. Letzteres zeigt sich immer, sobald alle drei Fasern gleich stark erregt worden sind. Grün wird empfunden, wenn die Grünfaser erregt ist. Durch Theilnahme der Rothfaser und Violetfaser geht Grün in Goldgelb und Weiss über. Violet gehört zunächst der Violetfaser, dann auch der Rothfaser und zuletzt der Grünfaser. Es geht durch Rosa nach Weiss. Die Rothfaser nimmt offenbar die vornehmste Stellung ein, die Violetfaser die bescheidenste.

Gelb entsteht bei gleichstarker Erregung von Roth- und Grünfaser; Blau bei gleichstarker Erregung von Grün- und Violetfaser. Purpur, d. i. tiefes gesänftigtes Roth, wäre auf Zusammenstellung der Roth- und Violetfaser zu deuten. — Aehnlich werden die subjectiven Contrastfarben erklärt. Roth- und Violetfaser sind in Thätigkeit, ohne dass sich die Wirkung steigert. Darauf nimmt die Grünfaser des benachbarten Stäbchens selbstständig Theil und erzeugt den grünlichen Contrastschein. (Nach Young wären Roth und Blau Contrastfarben. Sollte er doch vielleicht Orangenroth und Grünlichblau meinen?)

---

*) Durch Mischung werden überhaupt nie ganz reine Farben erzeugt. Auch nicht auf dem Kreisel, auch nicht im Spectrum.

Die Farbenblindheit wird dahin erklärt, dass je eine Art von Fasern (ausnahmsweise auch wohl zwei) erlahmt seien. Alsdann fehlt jedes Mal eine Grundfarbe mit ihren Zusammensetzungen. Diese Erklärung reicht nicht aus. Die meisten Farbenblinden sehen an der schwachen Stelle allerdings eine Farbe, nur nicht die rechte. Uebrigens können wir allein dann Aufklärung erwarten, wenn jene durch die Farben, für die sie empfindungsfähig sind, in ähnlicher Weise angeregt werden, wie wir. Rothblindheit soll am häufigsten sein, Grünblindheit seltener. Doch kann das nur von solchen gelten, die Roth oder Grün für Schwarz halten. Violetblindheit kommt nicht vor, lässt sich aber durch Santonin (Wurmsamen, artemisia) künstlich erzeugen.

Also auch auf diesem Gebiet herrscht kein Stillstand, sondern beständiger Fortschritt. Gab es eine Zeit, wo das blöde Auge nur den wirksameren Theil der Farben des Regenbogens zu erkennen vermochte: so spricht die Entdeckung des ultra-violeten Lichtes dafür, dass unser vornehmstes Sinnesorgan durch fortgesetzte Uebung immer feiner geworden ist.

Und nun noch einiges über die sog. Photochromie. Zenker (in Berlin) behauptet, Photographien in den Farben der Natur wohl erzeugen, aber noch nicht für die Dauer befestigen zu können. Nach Scheffler's Meinung hat jede gewöhnliche Photographie schon einen schwachen Hauch von Farben, der jedoch nur für ein geübtes Auge deutlich genug ist. So erinnere ich mich, eine Photographie gesehen zu haben, deren auffallend gelbe Lichter und violete Schatten durch die besondre Abendbeleuchtung bei der Aufnahme bewirkt sein sollten. Endlich theilte mir ein Photograph mit, dass er ein Porträt besessen habe, wo allein der Blutstropfen auf einer verwundeten Hand die natürliche rothe Farbe zeigte.

B. Chromatischer Theil.

Kapitel I.
Die Farbenkugel nach Ph. O. Runge.*)

Die Vorstellung einer Kugel, mit einem Gradnetz nach Art unsers Erdglobus hat keine besonderen Schwierigkeiten. Je zwei Meridianlinien schliessen eine Figur ein, die man ein sphärisches Zweieck nennt. Seine Ecken fallen hier mit dem Nordpol und Südpol zusammen. Solcher Zweiecke haben wir auf dem Globus ebensoviel, wie Meridiane, d. h. 360. Für unsern Zweck genügen vorläufig 6, selbstverständlich von gleicher Grösse. Die sechs Hauptfarben sollen nun so vertheilt werden, dass je zwei nächstverwandte nebeneinander zu stehen kommen, Sie folgen also auf einander: Roth, Orange, Gelb, Grün, Blau, Violet. An das Violet schliesst sich wieder das Roth und wir erhalten so einen vollkommenen Ring. Genau genommen soll jede Farbe nach beiden Seiten allmählig in die Nachbarfarbe übergehen, und wir haben dann nur in der Mitte des betreffenden Zweiecks eine Farbe, welche unsrer Vorstellung von derselben entspricht. So geht z. B. das reine Roth auf der einen Seite in Orangeroth über, auf der andern in Violetroth (Purpur). Das Orangeroth verliert sich allmählig in Orange, das Violetroth in Violet, und so ringsum stetiger Uebergang aus einer Farbe in die andere. Der Farbestufen oder Nüancen sind also unzählig viele.

Wir nehmen ferner an, dass unsre Farbstoffe transparenter Natur (durchscheinend) sind, und auf weissen Grund in fort und fort zunehmender Verdichtung aufgetragen werden. Auf dem einen Pol haben wir den höchsten Grad der Verdünnung = Weiss; auf dem andern den höchsten Grad der Verdichtung = Schwarz.

---

*) s. Göthe's Farbenlehre u. A.

Es ist daran zu erinnern, dass die Pole nur mathematische Punkte sind. Für jede Farbe giebt es eine mittlere **Sättigung**, und in dieser entfaltet sie ihre höchste Kraft. Die mittlere Sättigung soll bei jeder Farbe in den Aequator fallen. Alsdann ist aber der Grad der Helligkeit für die verschiedenen Farben verschieden, und zwar in der Weise, wie im Spectrum. Gelb ist die hellste Farbe, Blau die dunkelste, Roth und Grün sind nahezu gleich und stehen in der Mitte zwischen beiden. Die Linien **gleicher Helligkeit** fallen demnach nicht mit den Parallelkreisen zusammen. Das Eigenthümliche jeder Farbe ist auf dem Aequator am bestimmtesten ausgesprochen. Sehr verdünntes Roth zieht ins Bläuliche (Rosa), sehr verdichtetes ins Bräunliche. Ebenso verdünntes Gelb ins Röthliche, verdichtetes ins Grünliche (so beim gelben Lack.) Verdünntes Blau ins Grünliche, verdichtetes ins Violete. Die Linien **gleicher Farbenstufe** fallen nicht mit den Meridianen zusammen, sondern sind vielmehr spiralig gewunden, wenn auch nur schwach.

Der Aequator ist also der Kreis, dessen Fläche die Kugel in eine obere und eine untere Hälfte scheidet. Die Mitte dieses Kreises enthält ein Grau, ungefähr so hell*) wie Roth und Grün, welches aus gleichen Theilen aller Farben besteht, oder einfacher aus gleichen Theilen Gelb, Roth, Blau, nota bene mittlerer Sättigung, gemischt werden kann. Die Farben vertheilen sich nun hier auf die verschiedenen Sectoren, so dass von der Mitte zum Rande jede Farbe stetig an Reinheit und Frische zunimmt. Danach bezeichnen wir die Randfarben als **reine** oder **ungebrochne Farben**; die innerhalb liegenden als **gebrochne Farben**. Die MitteGrau ist wiederum als Punkt zu denken und verhält sich, wie jeder Punkt in der Axtlinie, vollkommen gleichgiltig gegen jede Farbe. Sie wird deshalb auch wohl „Neutralisation" genannt. Man kann nun anstatt des Aequators jeden beliebigen Parallelkreis nehmen, dann zeigt er dasselbe im kleineren Maassstabe; nur ist zu bemerken,

---

*) $\dfrac{3 + 5 + 8}{3} = 5\frac{1}{3}$.

dass die Randfarben nicht die mittlere Sättigung, also auch nicht ihre höchste Kraft zeigen. Die Farben gleicher Kraft liegen auf der Mantelfläche von Cylindern, deren Axen mit der Kugelaxe zusammenfallen. Je weiter der Cylinder, desto grösser die Kraft. Auf Ellipsoiden endlich liegen die Farben, welche im gleichen Maass gebrochen sind. Wir wollen sie die Farben gleicher Reinheit nennen. Contrastfarben werden uns durch die Kugeldurchmesser bestimmt.

Diese Farbenkugel lässt sich leicht veranschaulichen, wenn man eine Kugel, ähnlich wie einen Globus, mit den oben näher bezeichneten zweieckigen Papierstreifen beklebt. Letztere nehmen dabei die erforderliche Krümmung an. Ihre Anzahl kann, um die Uebergänge möglichst zart zu machen, beliebig auf $3.5.^0$ erhöht werden. Richtet man die Kugel so ein, dass die beiden Hemisphären auseinander genommen werden können; vielleicht auch so, dass noch eine Calotte abzuheben ist, alsdann lässt sich auch von dem Innern eine ausreichend deutliche Vorstellung erwecken.

Für Roth, Blau, Gelb eignen sich Pigmente wie Karmin, Cyanblau (Preussischblau) und gelber Lack am besten (n. Lambert). Doch ist für die Uebergänge nicht ausreichendes Material vorhanden: violeter Lack, Saftgrün u. s. w. Wo man zum Mischen seine Zuflucht nehmen muss (und ganz umgehen lässt es sich nicht), da stellt sich immer ein, wenn auch noch so geringer, Kraftverlust*) ein. Nun haben wir freilich noch mehr und andere Farben ; aber nicht solche, die allen Anforderungen genügen. Zinnoberroth und Chromgelb lassen sich nicht so verdichten, dass sie schwarzähnlich werden. Bei ihnen fällt die höchste Kraft mit der höchsten Sättigung zusammen und dürfte demnach eine Halbkugel ausreichend sein. Interessant ist übrigens: die Intervalle Karmin-Cyan (Preuss. Blau) und Karmin-Wau (od. gelber Lack) sind etwa gleich. Ingleichem Zinnober-Kobalt und Zinnober-Chrom. Die Trias: Kobalt, Zinnober, Chrom (n. Mayer) erscheint aber gegen jene frühere etwas gedreht, so dass man sie eigentlich als Orangeroth,

---

*) Farbenbrechung.

Violetblau und Grünlichgelb bezeichnen müsste. Oder umgekehrt jene als Violetroth, Grünblau, Orangegelb. Unsre Farbenideale liegen zwischen beiden.

Die Künstler bezeichnen den Grad der Sättigung einer Farbe als ihren „Ton" (Quantität). Tönen oder Abtönen*) heisst also innerhalb der nämlichen Farbe dunkler machen. Die Stelle, welche eine Farbe zwischen ihren Nachbarn einnimmt, ist ihre „Nüance"†) (Qualität). Nüanciren heisst also aus einer Farbe in die andere allmählig übergehen lassen. Man **bricht** endlich eine Farbe, wenn man ihr eine weniger verwandte beimischt; namentlich die Contrastfarbe.

Ferner unterscheiden die Künstler „warme" und „kalte" Farben. Zu jenen gehören Roth und Gelb u. s. w., zu diesen Blau und die verwandten Farben. Es stimmt dies mit den Resultaten der Naturforschung wunderbar überein. Das Wärmemaximum liegt bei jedem Spectrum im Gebiet des Rothen und Gelben.

Nach ihrer besonderen Artung lassen sich aber die Farbstoffe auch noch in „durchscheinende" (transparente) und „deckende", trennen. Der rothe Zinnober lässt z. B. auf Glas gestrichen wenig Licht durch, und sieht, selbst in schwachen Lagen, trübe und unansehnlich aus. Dasselbe gilt von den Chromfarben, Deckgrün, caput mortuum, hellem Ocker u. s. w. Mit Weiss gemischt werden auch die durchscheinenden Farben trüber, obgleich heller. Sie verlieren die Merkmale ihrer Art.

Zu Pulver gestossenes Glas ist weiss und undurchsichtig. Daran erkennt man, welche nahe Beziehung das Weisse zum farblos Durchsichtigen hat.

---

*) nicht Schattiren.
†) Dafür sagt man wohl auch „Ton"; doch mit Unrecht, denn: bene docet, qui bene distinguit.

Kapitel II.
Nomenclatur.

Farbebezeichnungen wie Roth, Gelb, Blau, Grün sind auf unsrer Muttersprache erwachsen und bedürfen keiner andern Erklärung, als bereits gegeben worden ist. Orange und Violet, das eine von einer Frucht, das andre von einer Blume, (viola) entlehnt, hat uns das Bedürfniss aufgenöthigt. Ehedem sind sie sicher unter Gelb und Blau mit verstanden worden, wie es zum Theil noch jetzt geschieht. Unter Grau versteht man im Allgemeinen eine Farbe ohne bestimmten Charakter. Speciell aber auch noch eine gebrochene Farbe, welche auf der kalten Hälfte liegt. Im Gegensatz dazu nennt man eine gebrochne Farbe auf der warmen Hälfte Braun (vorzugsweise gebrochenes Orange). So unterscheidet man die Augen, nach ihrer Farbe, als blaue, graue, braune. Mehr ins Einzelne gehend braucht man Ausdrücke, wie röthlich Braun, gelblich Braun, bläulich Grau, grünlich Grau. Von Orange und Violet lässt sich das Eigenschaftswort weniger gut bilden; doch hört man wohl Orangebraun, Violetgrau. Das neutrale Grau, diejenige Farbe, die wir in die Mitte des Kreises setzen, ist eigentlich wärmer als gewöhnliches Grau. Es ähnelt der Farbe der Schneebrille (Londonsmokbrille). Unser Schwarz steht der chinesischen Tusche ziemlich nahe, während für uns die Farbe der Schreibdinte schon stark ins Violet zieht. Die Uebergänge aus einer reinen Farbe in die andre giebt man durch Zusammensetzungen, wie z. B. Blaugrün, Grünblau, Orangeroth, Rothorange und nimmt an, dass das zweite Wort die vorherrschende Farbe bezeichnet. Beansprucht der Ton (die Quantität) der Farbe besondere Rücksicht, dann setzt man „Hell" oder „Dunkel" vor das Farbewort. Und wo man die Reinheit der Farbe mehr hervorzuheben wünscht, auch wohl „Hoch" oder „Tief". Hochroth bezeichnet demnach ein helles und lebhaftes reines Roth, wie z. B. Scharlachroth. Noch weiter gehen „Feurig", „Lebhaft", „Sanft" und „Matt".

Noch pflegt man sich vielfach damit zu helfen, dass man

den Namen des Farbestoffes auf die Farbe und ihre Stellung überträgt. Und nicht mit Unrecht, denn man kommt so am sichersten zum Ziel, indem hier das subjective Schwanken verhindert wird. Zinnober liegt sehr nahe bei unserm Orangeroth; Karmin dagegen zwischen Roth und Violetroth (Purpur). Es giebt eine Art Anilin, welche Purpurroth sehr gut darstellt. Ebenso liegt Preussischblau dicht neben Grünblau, Kobalt und noch mehr Ultramarin, dicht neben Violetblau.

Ueberdies besitzen wir eine Anzahl von Bezeichnungen, welche von den Dingen entnommen sind, denen sie zukommen: Rosa, Feuerroth, Blutroth, Rubinroth, Olivengrün, Grasgrün, Smaragdgrün, Schwefelgelb, Goldgelb, Kupferbraun, Aschgrau, Silbergrau, Hechtgrau, Himmelblau, Kornblau u. s. w.

Was wir sonst noch haben, verdanken wir, soweit ich das übersehen kann, vorzugsweise den Frauen. Bei diesen sind ja auch Beschäftigungen, welche in das Gebiet der Farbe hineinreichen, weit allgemeiner. Dadurch ist manches Fremdwort bei uns heimisch geworden. Lila gehört zu Violet, ist hell und steht Rosa ziemlich nahe. Paille, Strohfarbe ist ein sehr helles, ziemlich reines Gelb. Chamois, Rehfarbe sanftes Hellbraun. Pensée, das tiefe sammetartige Violet vom Stiefmütterchen. Ponceau ($\varphi o \iota \nu \iota \varkappa o \upsilon \nu$, puniceum) punisch Roth, die Farbe vom wilden Mohn (Flatterrose), etwas tiefer und saftiger als Zinnoberroth. Isabellfarbe sehr blasses Orange. Blond (gelblich Braun) wird nur vom menschlichen Haar gebraucht.

Für gewisse Zwecke ist ein solcher Reichthum von Bezeichnungen äusserst förderlich. Wo es sich dagegen um die Unterweisung handelt, da empfiehlt sich Knappheit und Uebersichtlichkeit. Der früher mitgetheilte Farbenkreis genügt vollständig.

Die Herren Physiker haben mit ihren Farbewörtern oft grosse Verwirrung angerichtet. So steht Newton's Indigo an der Stelle im Spectrum, wo es Violetblau heissen müsste. Und aus Respect vor ihm hat man das bis heut stehen lassen. Indigo ist dem Preussischblau sehr ähnlich und nur etwas weniger rein als dieses. Wenn Newton noch Ultramarin dafür gesagt hätte!

Kapitel III.
Farbenmischungen.

Indem ich an Theil A. Kap. III. anknüpfe, wiederhole ich, dass reine Farben durch Mischung überhaupt gar nicht hervorgebracht werden können. Gemischte Farben sind nur dann verhältnissmässig rein, wenn ihre Componenten auf dem Umfang des Kreises nnd sehr nahe liegen. Es wird also Karmin (fast Violetroth) und Ultramarin (Violetblau) ein gutes Violet ergeben. Nicht so Zinnober (Orangeroth) und Preussischblau (fast Grünblau). Günstige Verbindungen sind:

Karmin*) + Ultramarin (od. Kobalt) = (ziemlich reines) Violet.
Zinnober + Lackgelb (od. Gummigutt) = Orange.
Chromgelb + Preussichblau = Grün.

Ungünstige Verbindungen sind:

Karmin + Chrom = Grauorange.
Zinnober + Preussichblau = Grauviolet.
Lackgelb + Ultramarin = Graugrün.

Bei Letzteren sind eben die Intervalle grösser. Es leuchtet sofort ein, dass eine solche Einsicht für die Praxis bedeutenden Werth hat.

Wir hatten schon früher die Farben nach ihrer Artung in „transparente" (durchscheinende) und „deckende" (aufscheinende) getrennt. Die Letzteren haben, auf eine Glastafel dicht aufgetragen, im aufscheinenden Lichte ihre volle Kraft; während sie im durchscheinenden fast schwarz aussehen. Von den transparenten Farben gilt das vollkommene Gegentheil. Die besondere Art ist aber nicht bei jeder Farbe so bestimmt ausgesprochen. Und andrerseits kann man durch Mischung zweier verschieden gearteter Farben eine dritte erzeugen, welche sich auch in der Beziehung mehr in der Mitte hält. Dasselbe gilt ebenfalls von gleichen Farben verschiedener Art. So ergiebt sich:

---

*) Noch besser Anilinroth.

Karmin + Zinnober = mittleres Roth.
Preuss.-Blau + Kobalt = mittleres Blau.
Lackgelb + Chrom = mittleres Gelb.

Diese drei stehen unserer Vorstellung von den Haupt- oder Grundfarben sehr nahe.

Wenn Karmin + Kobalt eine günstige, Zinnober + Preussischblau eine ungünstige Mischung ist: so stehen die beiden andern möglichen Verbindungen zwischen diesen Extremen in der Mitte. Es ergiebt sowohl Preussischblau mit Karmin, als auch Kobalt mit Zinnober unreines Violet; Karmin mit Lackgelb und Zinnober mit Chrom unreines Orange; Lackgelb mit Preussischblau und Chrom mit Kobalt unreines Grün.

Weiss und Schwarz gelten uns nur als höchste und tiefste Stufe des Grauen. An Kraft und Reinheit muss also die Farbe, der wir Weiss oder Schwarz zusetzen, immer einbüssen. Der Maler weiss das recht gut und sucht dem nach Möglichkeit zu begegnen, wie wir später sehen werden.

Wo es auf Farbenpracht allein ankommt, da enthält man sich der mechanischen Mischung. Eduard Hildebrand setzte in seinen Gemälden nicht selten die Farben ungemischt neben einander. Für das Auge des Beschauers mischten sie sich dann erst in grösserem Abstande.

Auch durch Lasur kann man zwei Farben mit einander verbinden und dadurch eine neue hervorbringen. Das Verfahren ist ein doppeltes. Entweder legt man über einen hellfarbigen Grund eine dünne Schicht von einer dunklen durchsichtigen Farbe; oder über einen dunkelfarbigen Grund eine dünne Schicht einer hellen deckenden Farbe. Dort scheint der helle, hier der dunkle Grund hindurch. Jenes wirkt lebhaft, feurig, klar; dieses matt, kühl, trübe. (Ich möchte vorschlagen, dass dieses Letztere als „Trübung" bezeichnet wird.) In der Malerei, namentlich mit Oelfarben bedient man sich dieser Kunstgriffe mit grossem Erfolg. Ja, der täuschende Schein der Natürlichkeit ist gar nicht anders zu erreichen. Das feurige Roth mancher Tulpen ist gewiss schon jedermann aufgefallen. Wenn man mit vorsichtigen Händen das obere durchscheinende Häutchen von einem Blatte ablöst, so bemerkt man darunter eine hellgelbe Lage von Pigmentzellen. Die Oberhaut aber ist Karminroth, und die Natur lasirt also auch.

Das Mischen mit der durchsichtigen und zugleich spiegelnden Glastafel gehört ebenfalls hierher. Im Wasserspiegel werden gewöhnlich nur die helleren Theile wiedergegeben. Diese sind dann wie ein überhangender Schleier; die dunklen dagegen vollkommen durchsichtig. Ich sitze am offenen Fenster und beobachte, wie der eine Flügel die leuchtende Luft der gegenüberliegenden Landschaft reflectirt. Von den dort befindlichen dunklen Bäumen giebt der Widerschein hier nur den richtigen Umriss; innerhalb erscheinen sie vollkommen durchsichtig und farblos.

Kapitel IV.
Die Farbenharmonie.

Das Reich der Farben und das Reich der Töne, beide laden zu Vergleichen förmlich ein; namentlich, seitdem sie die Wellentheorie einander so nahe gebracht hat. Farben, sowohl wie Töne sind Empfindungen, deren äussere Veranlassung in Schwingungen, dort des Lichtäthers, hier der Luft zu suchen ist. Je grösser die Anzahl der Schwingungen, desto höher der Ton, desto tiefer die Stellung der Farbe im Spectrum. Im Sinne der musikalischen Töne ist Roth tief, Blau dagegen sehr hoch.

Die Octave eines Tones heisst derjenige zweite, der durch die doppelte Schwingungszahl bestimmt ist. Danach umfasst das Spectrum keine volle Octave, oder doch nur, sobald man das sogenannte Ultraviolet, den für gewöhnlich unsichtbaren Theil mitzurechnet. Dann beträgt es sogar noch mehr. Die Octave ist ein gleichklingender höherer Ton. Ultraviolet ist aber dem Roth nicht gleich von Ansehn, und wird von Kennern vielmehr als eine Art Blaugrau (Lavendelfarbe) geschildert.

Die Quinte von Roth liegt im Blauen, die Terz im Grüngelben. Uebrigens lassen sich die einzelnen Intervalle unsrer Tonleiter nicht so auf das Spectrum übertragen, dass dem besonderen Tone ein bestimmter Farbencharacter entspräche. Soll nun das Spectrum einer Octave entsprechen, (die Musik hat deren 8, nach andern sogar 10), so muss sich Roth jenseit Violet wiederholen. Das geschieht, wie schon gesagt, nicht. Aber auch, was man bei genauer Prüfung oberhalb des rothen Endes findet, spricht nicht für den Vergleich. Dort zeigt sich zwar gerade kein Rückgang, ebensowenig jedoch das erwartete Fortschreiten. Wir dürfen also im Auge nicht blos ein verfeinertes Ohr sehen, mag die Versuchung auch noch so gross sein.

„Das engbegrenzte Spectrum ist das Gegengewicht gegen den weiten Spielraum der Helligkeit und die grosse Empfindlichkeit des Auges selbst für schwaches Licht; die weite Tonleiter dagegen ist der Ersatz für den engen Spielraum der Schallstärke in der Natur und die geringe Empfindlichkeit des Ohrs für schwache Töne." Die Lichtschwingungen sind ausschliesslich Transversalschwingungen und zählen nach Billionen, während die Schallschwingungen auch Longitudinalschwingungen sein können, und schon 16 in der Secunde deutlich wahrgenommen werden. Zwei zusammenklingende Töne werden vom Ohr deutlich unterschieden. Zwei gemischte Farben verwachsen zu einer einzigen. Roth und Gelb giebt Orange; c und e klingt aber niemals auch nur im entferntesten wie d.

Schon aus diesen kurzen Andeutungen geht hervor, dass von einem Uebertragen der musikalischen Verhältnisse auf das Gebiet der Farben ohne Weiteres nicht die Rede sein darf. „Farbenharmonie" „Farbenaccorde" das sind also Ausdrücke, zu deren Deutung die Erfinder verpflichtet sind, und ebenso hat das Farbenclavier eines Pater Castel nur einen ganz bedingten Werth. (In unsrer Zeit soll Ruete ein ähnliches Instrument construirt haben.) Nichts desto weniger sind die Beziehungen zwischen den Farben und Tönen sehr enge, wie das schon allein durch das Zeugniss der Sprache hinreichend verbürgt wird. Leibniz nannte die Schönheit der musikalischen Verhältnisse unbewusste Arithmetik. Ob und wie weit die sogenannte Farbenharmonie eine ähnliche Deutung zulässt, ist noch nicht zu übersehen. Wir sind damit auch hart vor der Grenze aller menschlichen Erkenntniss angekommen. Denn Alles, was wir empfinden, was wir denken ist immer nur unser eigenes Ich. Darüber können wir nicht hinaus, und die Frage nach der objectiven Wirklichkeit, jenseit unserer Sinneswahrnehmungen, wird für uns in Ewigkeit unbeantwortet bleiben. Der gelehrte Forscher kann nur soviel leisten, wie der Anatom, der Alles mit dem Secirmesser zerlegt, um uns die einzelnen Bestandtheile und hier und da auch wohl ihre mechanische Zusammenfügung zu zeigen: Das Leben aber ist mittlerweile entflohen!

Während das weisse Licht und die Fluorescenz ihre Parallelen im Tongebiet haben, steht wiederum die Spannung der Gegensätze, wie wir sie an den Contrasterscheinungen wahrnehmen, vergleichlos da.

Der Stufenfolge der Töne entspricht die Stufenfolge der Farben; allerdings nur, wenn man eine ganz genaue Uebereinstimmung der Intervalle, dort und hier nicht verlangt. Gewisse Gruppen aus dieser Stufenfolge haben für Natur und Kunst besondere Bedeutung. Indem wir dieselben hier näher in Betracht ziehen, rücken wir gegen die Lösung unserer Hauptaufgabe wieder ein Stück vor.

Bei den folgenden Farbenskalen liegt die Ordnung, wie im Sonnenspectrum, zu Grunde; die freien Enden Roth und Violet sind aber durch Purpur verbunden zu denken. Das Ganze ist demnach ein geschlossner Ring.

Nehmen wir die Leuchtkraft oder Helligkeit der verschiedenen Farben als bestimmend, so ergiebt sich daraus die Reihe Gelb, Orange, Roth, Violet, Blau; Grün bleibt dabei ausgeschlossen. (Vorn kann man noch Weiss, hinten Schwarz hinzufügen, und erhält sodann: Weiss, Gelb, Orange, Roth, Violet, Blau, Schwarz.) Ein blanker Metallkörper, starkem Feuer ausgesetzt, überzieht sich sehr bald mit einer Oxydationsschicht, welche als sehr dünnes Blättchen natürlich Farbe bekennen muss (s. Optischer Theil Kap. I). Bei längerer Einwirkung der Hitze durchläuft die Schicht die ganze Farbenskala, wie das z. B. vom „Anlassen" der Stahlwaaren bekannt ist.*) Langsam im Wasser untersinkend, bietet ein glänzendes Stück Silber eine ähnliche Erscheinung; auch die Sonne durchläuft, ehe sie untergeht, einen Theil der Skala. Das erinnert an das Lasiren mit bräunlichen Farben auf weissem Grunde; auch da zieht die dichtere Schicht aus dem Gelblichen ins Röthliche. Ferner haben wir unsre Farbenskala an dem Schein um die Sonne herum und am „Hof" des Mondes; die Unterschiede in der Helligkeit der Farben sind hier freilich sehr gering. Endlich pflegen auch die Nachbilder durch Blendung farbig abzuklingen, (Göthe's Farbenlehre, didactischer Theil IV) und zwar, je nachdem sie positiv oder negativ sind, in diesen oder ihren Contrastfarben. Also entweder: Gelb, Orange, Roth, Violet, Blau oder: Violet, Blau, Grün, Gelb, Orange.

Die Schattenparthien der Landschaft zeigen die nämliche Skala: Gelb, Orange, Roth, Violet, Blau; nur liegt darin ein wesentlicher Unterschied, dass die Helligkeit der Farben hier von links nach rechts zunimmt. Das Blau der Ferne ist demnach die hellste Farbe, das Gelb des Vordergrundes die dunkelste (und wird sonst auch als Braun bezeichnet). Von dem frischen Grün unserer Wälder wird das dazwischen liegende Roth so stark neutralisirt, dass nur geübte Augen es erkennen. Durch das Trüben oder dünn Uebermalen mit Weiss (Hellblau) auf dunklem Grunde kann eine entsprechende Wirkung erzielt werden. Ja, wie weit in der Natur (u. desgl. im Gemälde) der Untergrund mitspricht, zeigt Folgendes. Die nämliche graue Farbe vom Rauch eines Schornsteins erscheint bläulich, wo sie über dunkles Laub, bräunlich, wo sie über helle Luft dahinzieht. — Auf der Trübung beruht auch die röthliche Farbe unseres Lampenlichts hinter der Milchglasglocke. Der blaue Luftreflex zieht die, vom Grunde her goldig braun schimmernde Farbe flachen Gewässers ins Purpurne.

---

*) Eine schwache Andeutung davon haben wir schon bei hellem Holz, welches über Feuer gehalten wird.

Die Skala nach den Schwingungszahlen (also die des Spectrums) zeigt uns wesentlich die Ordnung der Farben nach ihrem Feuer und innern Leben. Hier eröffnet das energische Roth den Reigen. (Roth, Orange, Gelb, Grün, Blau, Violet). Sie ist zugleich die Skala des Regenbogens und des Abendhimmels. Jedoch zeigt sich Letzterer nicht immer gleich. So fehlt Grün darin oft ganz und der Uebergang von Roth nach Blau führt über Rosa und Chamois.

Die Reihenfolge der Farben, nach der Helligkeit geordnet, ist in ästhetischer Hinsicht die wichtigste. In ihr lebt sich das Farbige gleichsam aus. Am Licht (seiner Lebenskraft) büsst es zwar mehr und mehr ein; das aber, was sein eigenstes Wesen ausmacht, erreicht erst in der Mitte den Höhepunkt. Wir haben so ein Symbol unsers eigenen Lebens: der Anfang heiter und sinnlich, wie die Kindheit; das Ende sanft und ernst wie Greisenthum; die Mitte aber voll Energie und Feuer, wie die Zeit der Thätigkeit und des Strebens, wie die Zeit der Liebe, die sich so gern damit vergleicht.

Der ganze Kreis wird jedoch damit nicht erschöpft. Es fehlt noch das Grüne, wofür sich in der ganzen Reihe kein Platz finden lassen will. Ihm kommt eben eine besondere Stellung zu, und zwar dem Rothen gegenüber, dem es gegensätzlich zugeordnet ist, wie das Reale dem Idealen. Hier zeigt sich der chromatische Unterschied um so grösser, je geringer der Unterschied der Helligkeit ist. Mit diesem vorzüglichen Contrast kann nur noch jener zwischen Weiss und Schwarz verglichen werden, der allein auf dem letzteren Unterschiede beruht.

In all den Eigenschaften der Farben liegt eine gewisse gegensätzliche Spannung und Polarität, und dabei scheint es, als wenn dieselben einander vertreten und ersetzen könnten oder sollten. Darauf bezüglich werden sie auch wohl als Aequivalente (Gleichwerthe) bezeichnet. Die wichtigsten gegenüber gestellt ergeben eine Uebersicht wie diese:

Stark	Schwach
Hell	Dunkel
Wärmend	Kältend

Nah	Fern
Durchsichtig	Trüb
Abstossend	Anziehend

Der Farbenkenner weiss recht wohl, dass helle Farben oft zugleich trübe sind, kräftige kältend wirken u. s. w. Von ähnlichem Verhalten war früher schon die Rede.

Die drei Hauptfarben Gelb, Roth, Blau sprechen uns mehr wie etwas Einfaches und auf sich selbst Beruhendes an; wogegen Orange und Violet durch ihr unruhiges Drängen einerseits anregen, andrerseits aber auch belästigen und peinlich berühren können. Letzteres liegt noch dazu auf der passiven Seite und weist nicht hinauf, sondern herab. Erst wieder im Grünen finden wir eine Art Gleichgewicht, wie bei den Hauptfarben. Es ist wohl auch nicht ohne Grund, dass wir für diese Farbe eine deutsche Bezeichnung haben.

Einen gewissen Reiz übt schon jede einzelne reine Farbe als solche aus; desgleichen jede Zusammenstellung. Wir nehmen hier zunächst an, dass die Glieder weder durch Weiss, Schwarz, Grau getrennt, noch durch gebrochne Farben vermittelt werden. Im Allgemeinen, kann man sagen, zeigt ein Farbenpaar von nahe verwandten reinen Farben eine gewisse Fadheit und Characterlosigkeit, während umgekehrt die Zusammenstellungen von Contrastfarben nicht ohne Härte sind.

Wir streben allerdings nach Totalität, aber es ist mehr der Weg, was uns anmuthet, als das Ziel.

Zusammenstellungen von reinen Farben: Gelb Roth, Roth Blau, Gelb Blau, Gelb Roth Blau, alle diese Zusammenstellungen sind wohl bedeutend und ausdrucksvoll, aber sie befriedigen nicht vollkommen.*) Bei der Ersten fehlt das

---

*) Wie z. B. Kobalt. Gelb Roth wirkt nicht ganz so wie Orange oder Roth Blau, ebensowenig wie Violet. Göthe und nach ihm G. Schreiber, welche das behaupteten, kannten die Mischungsgesetze nicht genau genug. (s. Optischer Theil Kap. III.)

passive Element ganz; bei der zweiten überwiegt das Ernste zu sehr: die dritte zeigt starken chromatischen Gegensatz (nahezu Contrastfarben) und starken Gegensatz der Helligkeit, aber sie entbehrt das Roth und erscheint dadurch wieder arm im Verhältniss zu den andern. Bei der Trias (Gelb Roth Blau) ist die Freude ebenfalls nicht rein. Wir haben das Ganze, doch stehen die einzelnen Theile schroff und unvermittelt neben einander. Dafür sind die Triaden Gelb Roth Schwarz und Blau Roth Weiss im Allgemeinen sehr beliebt, und das erklärt sich schon aus dem vorher Gesagten zur Genüge.

Orange Grün, Grün Violet, Orange Violet, Orange Grün Violet. No. 1 zeigt den Gegensatz von hell und dunkel und zugleich den von warm und kalt und darf wohl als ziemlich günstig angesprochen werden. No. 2 steht freilich auf der passiven Seite, es ist aber auch wiederum der Zusammenstellung Purpur Grün (oder Rosa Grün) sehr nahe und diese würde ich für günstig halten, selbst wenn sie nicht der Blumenkönigin eignete. (Ich will es dabei nicht in Abrede stellen, dass so zärtliche Farben, wie Rosa und pariser Grün auf unsern Sinn gerade so wirken, wie Conditorwaare auf unsern Magen. Sie dürfen deshalb nur mit Maass genossen werden.) Für das unruhige Violet ist das besänftigende Grün ein passendes Gegengewicht. Von Nr. 3 gilt in noch höherem Maasse, was von der Zusammenstellung Gelb Blau gesagt war. Dazu wirkt dies Drängen zum Roth, ohne es doch erreichen zu können, eher peinlich als angenehm. Die Trias Nr. 4 ist jedenfalls günstiger, als die vorige Zusammenstellung, vielleicht sogar günstiger, als die Trias der vorigen Gruppe.

Gelb Violet, Roth Grün, Blau Orange sind sämmtlich zu hart. Nr. 1 und 3 haben den stärkeren Gegensatz des Tones (hell und dunkel), erscheinen aber trotzdem arm neben Nr. 2, da ihnen das Roth fehlt.

Gelb Orange, Orange Roth, Roth Violet, Violet Blau sind characterlos! Gelb Grün, Grün Blau ebenfalls, und haben letztere noch den Nachtheil, dass sie nicht der Hauptskala (Gelb, Orange, Roth, Violet, Blau) angehören.

Man kann nun ungünstig wirkende Zusammenstellungen verbessern:

a) Durch Aenderung des Intervalls.
b) Durch Aenderung des Gegensatzes von hell und dunkel.
c) Durch Aenderung des Areals.
d) Durch Einstreuen von geringen Mengen anderer Farben.

Zu a. Man kann z. B. Roth Grün verwandeln in Purpur Grün oder Gelb Blau in Orangegelb Blau. In beiden Fällen wäre die Aenderung vortheilhaft, obgleich das Intervall dort kleiner und hier grösser geworden ist. Zu b. Bei Grün Blau denkt man sich Blau als die dunklere Farbe.*) Setzt man dafür Hellblau Dunkelgrün, so hat man eine günstige Zusammenstellung. Ebenso für Gelb Orange, Gelb Braun u. s. w. Zu c. Es ist nicht gleichgiltig, ob bei der Zusammenstellung Gelb Blau das Gelb oder Blau den grössten Flächenraum einnimmt. Letzteres wird überall vorgezogen. Zu d. Eine grün und rothe Uniform kann durch Lederzeug, Borten und Knöpfe sehr gehoben werden. Nicht minder eine blau und gelbe durch irgend etwas Rothes, wie z. B. den rothen Rossschweif auf dem Helm eines Trompeters.

Man kann endlich Zusammenstellungen verbessern:

e) Durch Anheften einzelner Farben an besonders wirksame Stoffe: Seide, Krystallglas, Gold u. s. w. Der Gegensatz wird dadurch gesteigert. So wirkt gelbe Seide auf dunkelgrün recht vortheilhaft. Noch mehr Gold, da es einen Stich ins Purpurrothe hat.

Zusammenstellungen von reinen Farben mit Weiss, Schwarz oder Grau:

Gegensatz ist nothwendig; deshalb passen im Allgemeinen die dunkleren reinen Farben besser zu Weiss, die helleren besser zu Schwarz. Doch ist ein gewisses Maass innezuhalten. Sehr dunkles Blau neben Weiss gestellt erscheint z. B. fast schwarz, hat also dabei jedenfalls verloren. Sonst vertragen sich die sanften und kühlen Farben besser mit Weiss, die lebhaften warmen besser mit Schwarz. So Weiss und Hell-

---

*) Ebenso bei Roth Blau und Gelb Roth allemal das letztere.

grün, Schwarz und Zinnoberroth; während Rosa offenbar zu Weiss besser steht, als zu Schwarz. Davon bilden Ausnahmen: Gelb mit Weiss und Violet mit Schwarz, welche Paare sehr gut zusammenstimmen. Das Grau, was man neben eine reine Farbe setzt, muss stets heller oder dunkler sein, als diese. Ausserdem entweder ganz neutral, oder etwas nach der Contrastfarbe hingezogen. Grau verträgt sich mit Roth und Grün gleich gut, Weiss, Schwarz und Grau haben überhaupt mehr die Bedeutung, dass sie die Pracht der reinen Farben erhöhen; sie dienen dazu, wo mehrere reine Farben zusammenkommen, dieselben zu trennen, so dass letztere in ihrer eigenartigen Wirkung nicht beeinträchtigt werden.

Zusammenstellungen von reinen mit gebrochnen Farben: Wenn Weiss, Schwarz und Grau trennen, so dienen die gebrochnen Farben dazu, die reinen zu verbinden, von einer zur andern hinüberzuleiten. (Es ist klar, dass hier für gewöhnlich von mehr als zwei oder drei Farben die Rede sein muss.) Die volle harmonische Wirkung lässt sich erst in einer umfassenderen chromatischen Composition erreichen; doch schliesst das den besonderen Charakter derselben keineswegs aus. Im Ganzen werden die gebrochenen Farben vorherrschen und zwar aus der Gegend des Farbenkreises, welche für jenen Charakter bestimmend ist. Dazwischen befinden sich dann kleinere Parthien reiner Farben eingestreut, wie edles Gestein im Fels. Nirgends zu schroffe Gegensätze; die bestimmenden Farben sollen sich womöglich in anderen Tonlagen wiederholen, und durch das Ganze eine Art Farbenzug hindurchgehen, so dass das Auge seinen Weg schon vorgeschrieben findet.

Gilt dies auch vorzugsweise vom Gemälde, so soll es doch schon, wenngleich mit Einschränkung, für Tapeten, Teppiche und gemaltes Flachornament zutreffen. Je geringer die Anzahl der zur Verwendung gelangenden Farben ist, desto grösser darf der Unterschied zwischen den einzelnen sein.[*] Und wo die Farben nicht hinreichend contrastiren, da pflegt man sogar hin und wieder schwarze Umrisslinien anzuwenden.

---

[*] Das Alhambraornament besteht meist aus Blau, Roth, Gold und Weiss.

Wir haben nun noch Zweierlei zu berücksichtigen. Eine Farbenkomposition darf wohl an sich arm und beschränkt erscheinen, wenn sie, wie Teppich oder Tapete, mit Anderem zusammen ein Ganzes bilden soll. Da kommt es allein darauf an, dass sie zu dem Uebrigen passt. Andrerseits aber handelt es sich auch um die besondere Bestimmung. Ein schlichtes bürgerliches Wohnzimmer, das Boudoir einer Schauspielerin und das Prunkgemach eines fürstlichen Schlosses, welch weiter Spielraum! So gelangt das Symbolische der Farbenkomposition zur Geltung: hier Einfachheit, Anmuth und ernste Pracht.

Die Farben der Kleidung sollen zu Ort und Gelegenheit passen und sonst die Person möglichst vortheilhaft erscheinen lassen. Eine Brünette von frischer warmer Hautfarbe hebt dieselbe durch Weiss noch mehr, während die Blondine den entsprechenden Erfolg mit Schwarz erreicht. Wo jene sich einer rothen Schleife bedient, wird diese vielleicht eine grüne vorziehen. Die Jugend soll sich in helle Farben kleiden, das Alter in dunkle u. s. w. Seine Bedeutung hat eben Alles; auch unsre moderne Tracht mit ihren düstern Farben; sie zeigt, dass wir den rechten Frohsinn nicht kennen.

Kapitel V.
Von den Pigmenten.

In unserer Zeit, wo die Farbefabrikation so bedeutende Fortschritte gemacht hat, ist es nicht mehr rathsam, dass man seine Materialien selbst bereite, wie vormals. Die Kenntniss der Bestandtheile dagegen hat nicht nur ein allgemeines wissenschaftliches Interesse; sie gewährt auch einen Anhalt für die zweckmässige Verwendung der Farben, namentlich bedingt durch den Wunsch, dem Werke Beständigkeit zu verleihen. Die meisten Farbstoffe oder Pigmente entnehmen wir aus dem Mineralreich, die übrigen fast ohne Ausnahme aus dem Pflanzenreich oder zugleich aus beiden. Einige haben sich im Lauf der Zeit als wenig haltbar herausgestellt und sind deshalb wieder von der Palette verschwunden. Andere wollen mit Vorsicht behandelt sein und eignen sich nur für einen beschränkten Kreis von Mischungen.

Weiss. Kremser- oder Kremnitzer Weiss (kohlensaures Bleioxyd mit Bleioxydhydrat) ist die vorzüglichste und verbreitetste weisse Farbe. Sie wird aus dem sog. Schieferweiss, der reinsten Bleiweisssorte, gewonnen, hält sich im Allgemeinen gut, zieht aber mit der Zeit ein Wenig ins Gelbliche, und soll mit andern Farben, die Schwefel enthalten, nicht vermischt werden. Zinkweiss (Zinkoxyd) ist nicht ganz so hell und deckend, lässt sich dafür jedoch mit allen Farben gut mischen.

Gelb. Neapelgelb (antimonsaures Bleioxyd), sehr helles deckendes Gelb von grosser Haltbarkeit. Mineralgelb (Verbindung von Blei und Chlor), auch Casslergelb genannt, reines helles Gelb, scheint durch andere Farben verdrängt zu sein, wie z. B. Zinkgelb (chromsaures Zinkoxyd) und gelben Ultramarin. Die letztere Farbe gilt als die dauerhafteste. Chromgelb (chromsaures Bleioxyd), reines deckendes Hellgelb oder Hochgelb, soll sich nicht in allen Mischungen gleich gut halten und wird in der Oelmalerei wenig gebraucht. Uebrigens ist bei den Künstlern das reine Gelb weit weniger beliebt, als dasjenige, welches einen Zug ins Goldgelbe oder Röthliche hat. Eine solche Farbe erhält nämlich beim Mischen kein so schmutziges Ansehen, wie das reine Gelb. Gummigutt (Pflanzenharz von Ceylon und Siam) ist ein transparentes und feuriges Gelb, welches in der Aquarellmalerei ohne Zusatz verarbeitet wird. (Neuerdings auch als Oelfarbe in Verwendung.) Waugelb (reseda luteola), tiefes reines Transparentgelb, wird aus einer Wurzel ausgezogen. In der Oelmalerei als „laque jaune de gaude" bekannt. Stil de grain, tief dunkles Braungelb.

Orange. Cadmium (Schwefelcadmium), feuriges, deckendes Gelb, zieht mehr oder weniger ins Röthliche (jaune brillant). Chromorange nur in Aquarell; Chromroth (basisch chromsaures Bleioxyd) wenig im Gebrauch. Indischgelb (Pflanzenharz), weniger durchsichtig und etwas wärmer als Gummigutt, sonst ähnlich. Saffran (crocus), die getrockneten Blätter von der Blume eines Zwiebelgewächses, und Auripigment (Schwefelarsenik) sind wenig haltbar und deshalb ausser Verwendung. Dunkel Orangelack (Strontianoxyd) soll sich ebenfalls nicht bewährt haben.

Roth. Mennige (rothes Bleioxyd), feuriges deckendes Hochroth, etwas ins Orange ziehend, wird aus weissem Bleioxyd durch mehrfaches Glühen gewonnen. Ich vermuthe, dass das sog. jaune de Naples (Ersatz für Neapelgelb) dasselbe, nur sehr schwach geglüht, darstellt. Die geglühten oder gebrannten Farben sind alle sehr dauerhaft. In Oel wird Mennige nicht verarbeitet. Zinnober (Schwefel-Quecksilber), reines deckendes Hochroth, wird künstlich fabricirt, obgleich man ihn als Bergzinnober auch schon fertig findet. Letzterer ist selten ohne fremde Bestandtheile. Zinnoberroth wird sehr viel verarbeitet und kann nicht leicht durch eine andere Farbe ersetzt werden. Karmin (aus dem Cochenillewürmchen), reines durchsichtiges Tiefroth, nicht für Oelmalerei, soll nach M. Schmidt auch in Aquarell nicht besonders haltbar sein, Krapp oder Färberröthe (rubia tinctorum) wird aus der Krappwurzel gewonnen, ist dem Vorigen fast gleich, aber beständiger, und je nach der Behandlung in verschiedenen Stufen von Braun bis Violet. Jaune capucine. durchsichtiges Roth, heller und feuriger als Krapp.

Violet. Krapp pensée ist ein tiefes durchsichtiges Violet und erinnert an die Farbe des Amethyst (Amethystblau). Bei Malern ist es wenig im Gebrauch.

Blau. Kobalt (Kobaltoxyd mit Thonerde oder phosphorsaurem Kalk) giebt ein schönes, reines Hochblau, nur mässig deckend; sehr beständig und nicht zu ersetzen. Unter dem Namen Cölin kannte man früher in Berlin ein helles Grünlichblau, welches vorzugsweise Kobalt und Chrom enthielt. Ultramarin, ehedem sehr theuer aus dem Lasurstein (lapis lazuli), seitdem künstlich und billiger. Die Zubereitung scheint Geheimniss zu sein, oder verschiedene Wege zu gestatten. Die Einen verwenden dazu: kieselsaure Thonerde, Eisen und Schwefel; die Andern: Porzellanerde, schwefelsaures Natron (Glaubersalz) und Schwefel mit wenig Eisenvitriol. Ich bin nicht Chemiker und kann selbst nicht beurtheilen, wie weit etwa beide Recepte dasselbe ergeben mögen. Berlinerblau (Eisenoxydoxydul und Alaunerde oder Eisencyanürcyanid), tiefes transparentes Blau, soll nach M. Schmidt etwas nachlassen, nach Andern sogar ins Grünliche ziehen. Mir selbst ist das noch nicht aufgefallen. Entbehren können wirs jedenfalls nicht. Pariserblau (das Nämliche ohne Alaun), noch tiefer und schöner. Indigoblau (Indigo aus der indigofera anil mit reiner Thonerde) ist schwärzlichblau und wird nach und nach noch schwärzer.

Schwarz. Elfenbeinschwarz wird aus verbranntem Elfenbein hergestellt; sowie Beinschwarz, welches mehr ins Dunkelbraune zieht, aus verbrannten Schafknochen. Chinesisch Schwarz. Die Zubereitung der chinesischen Tusche war bei uns früher ganz unbekannt. Jetzt wird sie überall nachgeahmt: ob aber in gleicher Weise, scheint mir zweifelhaft. Sie soll hauptsächlich aus dem Russ von Schweinfett bestehen. Nach einer älteren Angabe nimmt man geraspeltes Hirschhorn, in einer Kalklauge aufgelöst. Als Aquarellfarbe ist die chinesische Tusche ganz unentbehrlich, allein schon wegen ihrer besondern Feinheit und Durchsichtigkeit. So bedient man sich ihrer auch namentlich beim Anlegen von Plänen und Bauzeichnungen. Neutraltinte zieht ins bläulich Violete.

Braun. Mumie, aus der Asche ägyptischer Mumien bereitet, ist eine wirksame haltbare Oelfarbe, welche gegenwärtig den bedenklichen Asphalt (Judenpech, Erdharz), der sich durch alle andern Farben durchfrisst, verdrängt hat. Mumie ist ein sehr tiefes, warmes und durchsichtiges Braun. Umbra (eine Art Holzerde, von Erdharzen durchdrungen) wird vielfach in Italien (Umbrien), dann aber auch in England, Deutschland und anderwärts gefunden. Ihre Farbe ist ein unansehnliches, wenig durchsichtiges Braun. Eine sehr dunkle Sorte wird im Handel als „kölnische Erde" bezeichnet. Durch das Brennen wird die Umbra röthlich Braun. Sepia ist der Saft aus der Blase eines Meerschalthiers, Tintenfisch genannt. Diese durchsichtige, schön dunkelbraune Farbe eignet sich vortrefflich, um in Aquarellgemälden die Schatten des Vordergrundes damit anzulegen. Der Auszug aus der Kaffebohne giebt ebenfalls eine geschätzte Wasserfarbe. Ocker (theils Eisenoxyd, theils Eisenoxydhydrat mit einer thonartigen Erde) wird vielfach in der Nähe von Eisenlagern und an eisenhaltigen Quellen gefunden. Die verschiedenen Arten sind mehr oder weniger hell und deckend, Gelbbraun bis Dunkelbraun. Es kommen auch noch andere, sehr verschiedene Farben vor: Röthlich, Grünlich, Grau u. s. w. Durch Brennen wird Ocker Rothbraun. Im caput mortuum und im violeten Eisenoxyd ist gleichfalls Eisen das Färbende. Endlich sind noch zu nennen: die goldigbraune Erde von Siena (terra di siena) und die grüne Erde von Verona. Beim Brennen wird die Letztere Gelbbraun. Alle diese Farben gelten für sehr beständig.

Grün. Die prächtigsten grünen Farben sind diejenigen, welche Kupfer enthalten; wer aber sicher gehen will, der muss sie alle meiden. Sie halten sich beinahe in keiner Mischung. Grünspan (essigsaures Kupferoxyd), herrliches durchsichtiges Blaugrün, als Oelfarbe gar nicht zu gebrauchen. Schweinfurter Grün (arseniksaures Kupferoxyd), deckendes lebhaftes Hellgrün. Mineralgrün, Parisergrün*) u. s. w. Der sogenannte grüne Zinnober ist ein Gemenge von Chromgelb und Berlinerblau und hält sich ziemlich gut. Das sogenannte Smaragdgrün (vert émeraude) unterscheidet sich vom gewöhnlichen grünen Zinnober nur durch die bessere Zubereitung. Grünes Chromoxyd findet dagegen nur in der Glasmalerei Verwendung. Die verschiedenen grünen Kobaltoxydfarben halten sich alle gut. Grüner Ultramarin wenig gekannt; desgleichen grüner Lack. Saftgrün, der eingedickte Saft aus den Beeren vom Kreuzdorn (rhamnus cathartica) giebt eine tiefgrüne Wasserfarbe, mehr oder weniger rein.

Die aus dem Steinkohlentheer in neuerer Zeit gewonnenen Anilinfarben haben leider in der Kunst keine Verwendung finden können. Sie sind schön, aber vergänglich.

*) Bremer Blau gehört eigentlich auch hierher.

Am ausgiebigsten erzeigen sich die Farbstoffe, wo sie mit Oel angerieben werden. Da allein entfalten sie alle ihre Eigenthümlichkeiten. Am sprödesten sind sie trocken, im Farbestift, wenn auch dafür um so leichter zu regieren.

C. Malerischer Theil.

Kapitel I.
Die Beleuchtung in der Natur.

Die Bestimmung der äussern Umgrenzung der Schatten gehört zur linearen Construction und kommt für die Malerei nur beiläufig in Betracht. Hauptsache sind dagegen die verschiedenen Grade der Dunkelheit und noch mehr die besonderen Färbungen, vorwiegend von der Beleuchtung abhängig.

Unsere wichtigste Lichtquelle, die Sonne, liegt so fern (c. 20,000,000 Meilen), dass wir ihre Strahlen als unter sich parallel ansehen dürfen, da das Stück Natur, das wir mit einem Blick übersehen, ausserordentlich klein ist im Verhältniss zu jener Entfernung. Von einer Kugel, welche dem Lichte der Sonne ausgesetzt ist, muss daher jedesmal die Hälfte (also eine Halbkugel) beleuchtet werden. Kommen aber die Strahlen von einer nahen und kleinen Lichtquelle, z. B. von einer Lampe, dann werden sie merklich auseinanderweichen, divergiren, und auf einer grösseren Kugel weniger als die Hälfte d. i. eine Calotte (Scheitelkappe, v. arab. kalûta) erleuchten. Ebenso wie der Eigenschatten, ist auch der Schlagschatten in diesem Falle grösser, als in jenem; vorausgesetzt dass die sonstigen Umstände gleich sind. Ist endlich die Lichtquelle nahe und grösser als die Kugel, so wird mehr als die Hälfte erleuchtet, der Schlagschatten kleiner. Eine solche besitzen wir in unsrer athmosphärischen Luft. Danach können wir drei Arten der Beleuchtung unterscheiden, die einzeln und nebeneinander auftreten:

1) Durch Sonnenlicht (oder Mondlicht); Strahlen parallel; hält in jeder Hinsicht die Mitte zwischen beiden folgenden.

2) Durch Lampenlicht u. s. w.; Strahlen auseinanderweichend, und deshalb im allgemeinen grössere Schatten. Färbung wärmer (orange).

3) Durch Luftlicht; Strahlen sich mannigfach durchkreuzend; weniger Schatten, die Schlagschatten fehlen oft ganz; die Grenzen nicht so scharf, wie bei 1) und 2). Färbung kälter (meist blau).

Das Luftlicht gehört, da es geborgtes Licht ist, eigentlich zu den Reflexen. Die Wirkung ist übrigens auch für die Reflexlichter ganz regelmässig und dem Beleuchtungsgesetz entsprechend. Nur sind sie freilich gewöhlich so schwach, dass sie neben directem Licht bis zur Unmerklichkeit verschwinden. (Man erkennt die von sehr hellen oder lebhaft gefärbten Körpern herrührenden noch am deutlichsten.) Um so besser werden sie wahrgenommen, wohin das directe Licht nicht reicht, also im Schatten. Die Schattenconstruction nimmt gewöhnlich nur auf das Letztere Rücksicht; aber das Beleuchtungsgesetz gilt, wie schon gesagt, allgemein, und indem das eine Licht sich an verschiedenen Flächen bricht und gleichsam eine Menge anderer Lichter wachruft, wird über die schlichtesten Dinge ein eigenthümlicher Zauber ausgegossen.

Wir kommen nun zur Lichtstärke und Färbung. Für Beides unterscheidet das geübte Auge sehr fein. Die Lichtstärke nimmt ab mit dem Quadrat der Entfernung, d. h. eine gewisse Summe von Lichtstrahlen leuchtet auf doppelte Entfernung viermal so schwach, weil auf einen viermal so grossen Flächenraum vertheilt. q sei ein $\square$cm.; Q = 4 $\square$cm. Die beiden Quadrate q und Q sollen parallel liegen und so, dass die Verbindungslinien entsprechender Ecken in einem Punkt zusammentreffen. Befindet sich in diesem eine Lichtquelle l, dann ist der Abstand l Q doppelt so gross, wie der Abstand l q. Q empfängt dasselbe Licht wie q (sobald dieses beseitigt worden ist), aber auf einen viermal so grossen Raum vertheilt, also vier mal schwächer.

Von zwei nicht parallel liegenden Flächen erhält diejenige nach Verhältniss mehr Licht, welche der Lichtquelle mehr zugewandt ist. Eine ebene Fläche, deren Verlängerung die Lichtquelle durchschneidet, ist es aber am wenigsten. An ihr streifen die Lichtstrahlen vorüber, sie ist demnach schattig. Je grösser der Winkel, unter welchem die Lichtstrahlen auffallen, desto mehr Licht. Dieselbe ebene Fläche, auf welche unter rechtem Winkel (dem grösstmöglichen) 100 Sonnenstrahlen fallen, erhält unter 30° Neigung nur noch 50 davon, also die Hälfte. Gleichmässig kann allein eine Halbkugelfläche beleuchtet werden, wenn die Lichtquelle sich in ihrem Mittelpunkt befindet. Diese Fläche wird für eine unendlich ferne Lichtquelle zur Ebene.

An einem Körper mit vielen Flächen empfängt ein Theil directes Licht, der andere ist im Schatten, und zwar von den beleuchteten jede nach Maassgabe ihrer Entfernung und Lage gegen die Lichtquelle; d. h. je näher oder je mehr zugewandt, desto heller ist sie. Auf der Kugel trennt der Grenzschattenkreis die lichte und die schattige Hälfte. Der sphärische Mittelpunkt der ersteren ist am hellsten, und von da stuft es sich ringsum stetig und gleichmässig ab. Die Kugel ist übrigens die vollkommenste Körperform und empfiehlt sich für derartige Untersuchungen am meisten. An ihr tritt Alles klar hervor, und von ihr kann man wieder das für andere Passende herleiten. Die Kugel hat nämlich unendlich viele ebene Flächen, welche alle nur mögliche Lagen gegen das Licht einnehmen. So kann man beispielsweise ein reguläres Vielflach nach der eingeschriebenen Kugel bestimmen, indem sich jede Fläche nach ihrer Berührungsstelle mit derselben richtet.

Ich bemerke hier, dass, wo die Lichtquelle nicht namhaft gemacht worden ist, zunächst an die Sonne gedacht werden soll.

Von den Strahlen verschiedener Farbe, die auf einen Körper fallen, wird nur ein Theil zurückgeworfen. Aus diesem Theil bildet sich seine eigene Farbe. Wir wollen sie Lokalfarbe nennen. Ist nun auch diese Farbe als solche keine Eigenschaft des Körpers, so dürfen wir doch annehmen, dass sich hinter ihr eine andere verbirgt, etwa die feinere Textur der Oberfläche. Wo das Licht die Lokalfarbe nicht enthält, erscheint der Körper farblos, schwarz.

Jene vorher gedachten Unterschiede der Helligkeit in der Beleuchtung sind zugleich auch Unterschiede in der Färbung. Die hellsten Partien eines beleuchteten Körpers nehmen die Farbe des Lichtes an, meist Weiss, Hellgelb, Goldgelb. Zunächst der Schattengrenze herrscht Farblosigkeit, Neutralton. Zwischen beiden Extremen kommt die Lokalfarbe zur Geltung. Damit ist die Berechtigung des Zeichnens auf Tonpapier mit zwei Kreiden nachgewiesen. Der Ton vertritt eben die Lokalfarbe; die weisse Kreide das Licht.

Haben wir uns die Aufgabe gestellt, die beleuchtete Seite eines Körpers in Farben darzustellen, so bestimmen wir zuerst die Lokalfarbe. Die tragen wir dann auf jene Flächen von mittlerer Lage rein auf. Für das hellere Licht mischen wir sie mit der Farbe der Lichtquelle, gegen den Schatten hin mit Grau oder, wenn man will, mit der Complementär- (Ergänzungs-) Farbe, weil diese noch schneller zur Farblosigkeit führt. (Im Freien und bei unbewölktem Himmel zieht das Schattengrau stellenweise ins Bläuliche, indem hier das Luftlicht wieder leichter bemerkt wird.)

Wenn wir in der Richtung der Sonnenstrahlen auf eine erleuchtete Kugel blicken, so bemerken wir in der Mitte eine helle, kreisförmige Stelle in der Farbe der Lichtquelle (hier zugleich Glanzlicht), rings umgeben von der Lokalfarbe. Um diese herum herrscht wieder der Neutralton, welcher bis zur ziemlich scharf gezogenen Schattengrenze reicht. Die Uebergänge sind selbstverständlich sehr zart. Die gleiche Farbenstufe (Nüance) hat überall denselben Abstand von der Mitte.

Verschwindet das Sonnenlicht plötzlich, dann macht sich sofort das Luftlicht bemerklich. Der lichte Theil wird grösser, aber er ist weniger hell und hat weniger scharf gezeichnete Grenzen. Kommt das Sonnenlicht von der Seite, so werden die Schatten gegenüber das Luftlicht deutlich zeigen. Desgleichen der Schlagschatten, der bei schräger Beleuchtung länger und demzufolge zugänglicher ist. Der Gegensatz des goldigen Sonnenlichts und des blauen Luftlichts tritt oft so stark hervor, dass wir Contrastfarben zu sehen glauben. Dies findet denn auch wirklich statt, wenn Abends die Sonne sich röthet. An günstigen Stellen zeigen die Schatten den grünlichen Contrastschein.

Die schattige Hälfte eines Körpers müsste eigentlich vollkommen schwarz aussehen. Aber die Sonnenstrahlen finden auch dorthin ihren Weg; nicht direct, sondern durch Zurückwerfung (Reflexion) von andern Körpern. Das Reflexlicht ist gleichfalls abhängig von Gestalt, Grösse und Entfernung der Lichtquelle, hier also des reflectirenden Körpers. Bemerkt wird es seiner Schwäche wegen gewöhnlich nur, wo es auf die schattige Seite trifft. Die Farbe des Reflexlichtes ist gleich der des reflectirenden Körpers. Hat letzterer aber keine ausgesprochne Farbe, so wirkt die Lokalfarbe jenes andern Körpers um so energischer, und zwar mehr als auf der Lichtseite. (s. Brücke. Physiologie der Farbe.)*) Daher der hohe Reiz des clair-obscur oder Helldunkels. So weckt das Sonnenlicht eine Welt von Farben, und indem die Dinge sich gegenseitig ihre Reflexe zusenden, wachsen sie zusammen zu einem harmonischen Ganzen.

Die Oberflächen der Körper sind meist rauh. Eine rauhe Fläche reflectirt aber das Licht unregelmässig und nach allen Seiten durcheinander. Sie selber wird gerade dadurch sichtbar. Eine glatte Fläche im Gegentheil wirft das Licht regelmässig zurück und erzeugt Spiegelbilder, derart dass man die Gegenstände davor noch einmal zu sehen glaubt. Gegenstand und Spiegelbild liegen bekanntlich symmetrisch in Bezug auf die Spiegelfläche. Diese entzieht sich dabei der Wahrnehmung fast ganz. Am besten lässt sich das alles für die ebene Fläche nachweisen. Eine krumme Fläche denke man sich auf beliebig viele ebene zurückgeführt und untersuche dann die einzelnen Theile des Spiegelbildes: man erkennt so, dass das Gesetz auch hier vollkommene Giltigkeit hat. Bei der Mantelfläche des Cylinders macht sich das besonders leicht. Hat die Spie-

---

*) Correct ist es demnach nicht, wenn die Reflexe in Contrastfarben eingeführt werden, wie auf der Berliner Gewerbeakademie.

gelfläche eine ausgesprochne eigne Farbe, so theilt sich diese den Bildern auch mit; sie werden theilfarbig oder merochrom.
Bis hierher war Undurchsichtigkeit vorausgesetzt worden. Es giebt aber viele Körper, welche mehr oder weniger durchscheinend sind, d. h. einen Theil der empfangenen Lichtstrahlen hindurchlassen. (Absolut undurchsichtige Körper giebt es eigentlich nicht.) Diese Lichtstrahlen sind dann wieder von besonderer Farbe und oft, wenn auch nicht immer, denen des zurückgeworfnen Lichtes ähnlich. Stark durchscheinende oder durchsichtige Körper zeigen keine bestimmt ausgesprochne Farbe. Eigentlich durchsichtig sind sie aber nur in dünneren Schichten. Bei stärkern Lagen nimmt die Durchsichtigkeit ab und die Färbung zu. Farbige Gläser gestatten die Durchsicht meistens nur, wenn sie dicht vors Auge gehalten werden. Das Licht, welches durch einen farbigen, durchscheinenden Körper hindurchgeht, wird dadurch farbiges Licht. Alles, was von farbigem Lichte getroffen wird, verändert seine Lokalfarbe in der Richtung auf jene Farbe. Grau nimmt von ihr sehr viel an. Die Contrastfarbe erlischt ganz, die nämliche Farbe aber wird besonders hell. Befinden sich innerhalb der farbigen Beleuchtung Stellen, welche von diesem Lichte nicht getroffen werden, so überziehen sich dieselben mit dem Contrastschein. Die grünlichen Schatten bei röthlichem Abendlicht sind schon erwähnt worden. So haben die Stellen auf grauem Erdreich, wohin die Sonnenstrahlen zwischen grüne Blätter hindurch fallen, einen rosa oder lila Schein, im Gegensatz zu den grünlichen Schatten. Letztere sind nämlich eigentlich farbiges Licht. Ingleichen der Schatten, der von einem beleuchteten Rosenblatt auf ein anderes geworfen wird, u. s. w.

Ist die Farbe des durchscheinenden Körpers sehr dicht, so bemerken wir auf grössern Abstand nur noch diese, und bei glatter Oberfläche gleichzeitig Spiegelbilder. Ein leichter Ueberzug von Staub lässt endlich auch diese verschwinden und die früher beschriebene Modellation undurchsichtiger rauher Körper wieder hervortreten.

Ohne die Schwächung und Trübung der Farben durch die Luft würde man sie in der Ferne ebenso sehen wie in der Nähe. So aber erscheinen sie, je grösser die zu durchdringende Luftschicht ist, um so matter und kühler. Die Ferne zeigt für gewöhnlich das bekannte zarte Hellblau und die vollständigste Ausgleichung von Licht und Schatten. Dagegen wirken die Farben des Vordergrundes um so saftiger und feuriger und neigen, wegen des Contrastes gegen das Hellblau der Ferne, stark nach Dunkelbraun, Sepia ähnlich. Der Maler treibt die Ferne zurück durch Trüben, d. h. dünnes Uebermalen mit hellen Farben, und bringt den Vordergrund näher durch Lasiren, d. h. dünnes Uebermalen mit dunklen, durchscheinenden Farben. Ich lasse hier folgen, was Breysig in seinem „Versuch einer Erläuterung der Reliefperspective" (Magdeburg 1798) gelegentlich mittheilt:

„Hackert zu Neapel habe ich zwar in den Vordergründen mit ganzen oder eigenthümlichen Farben malen sehen, aber er überlasirte sie nachher ein oder auch einige mal mit einer Art Firniss, unter welchen etwas Luftfarbe gemischt war, womit er die Ferne vielmals überging. Fürwahr eine sehr unnatürliche Art, die Gemälde luftig und dampfig zu bekommen."

Während für die Ferne alle Unterschiede ausgeglichen werden, geschieht dies für den Mittelgrund nur zum Theil. Die Reflexe verschwinden fast ganz, aber Licht und Schatten sind schon deutlich gesondert. Wegen dieser Alleinherrschaft ist die Formenwirkung besonders einfach und anmuthig. Zu dem Reiz schöner Linien gesellt sich der zarter Farbenübergänge (nuance, nubantia, Nebelwolke). Die künstlerische Ausbildung von Mittelgrund und Ferne stimmt sehr wohl zu der Feinheit des modernen Geschmacks. Der Mittelgrund hat einen Stich ins Purpurfarbne, der am Schatten meist gut zu erkennen ist. Dieser Purpur verliert sich nach hinten im Hellblau, nach vorn im Dunkelbraun.

Die ruhigen Schattenflächen des Mittelgrundes fehlen im Vordergrunde, wo sie durch die Reflexe in lauter kleine Partien zerrissen werden. Dafür kommt neben der Schärfe der

Formen die Reinheit der Farben zur Geltung. Jede Einzelheit tritt uns so wahr, wie mit Händen zu greifen, gegenüber, entbehrt aber auch den trügerischen Schimmer, die Unbestimmtheit der andern Gründe, welche unsre innere Gestaltungsfähigkeit, unsre Phantasie so mächtig anregt. Reizt doch bekanntlich das halb Verhüllte am meisten.

In der Luft befinden sich oft Dünste von besonderer Farbe, sogar bestimmt abgegrenzte Gewölke, die namentlich im Morgen- und Abendlichte jene normale Wirkung etwas beeinträchtigen. Dann hat die Ferne, und in geringerem Maasse auch der Mittelgrund einen Zug ins Gelbliche oder Röthliche. Dazu malen sich wohl noch die Sonnenstrahlen als goldige Streifen in die Nebelmassen hinein.

Lampenlicht ist für gewöhnlich gelblich bis orange, Luftlicht dagegen blau. Ein Gegenstand, der, z. B. Abends am Fenster, zugleich vom Lampenlicht und Luftlicht beleuchtet wird, wirft in Folge dessen zwei Schlagschatten, deren einer blau, der andere orangegelb gefärbt erscheint. Vollkommen dunkel sind erst diejenigen Partien, in welchen beide Schlagschatten übereinander greifen; besser gesagt, welche gegen beide Lichtquellen gedeckt sind. Von den beleuchteten Theilen zeigt sich blauer, was dem Luftlicht, — gelber, was dem Lampenlicht näher liegt. Nun sollte man erwarten, dass Luftlicht und Lampenlicht, wo sie in der Mitte zusammentreffen, eine Art von Grün hervorbringen müssten. Dem ist jedoch nicht so: wir bemerken vielmehr statt dessen einen purpur- oder rosarothen Schein.

Ein günstig gelegener Zeichensaal ist so beschaffen, dass er directes Sonnenlicht gar nicht empfängt. Seine Beleuchtung wird vorzugsweise durch Luftlicht bewirkt. Zu jeder Lichtquelle gehören bekanntlich Schlagschatten, welche nur noch von andern Lichtquellen erleuchtet werden können. An einem klaren sonnigen Tage wende man (im Zeichensaal) ein Blatt weissen Papiers dem Fenster zu und lasse darauf einen Schlagschatten fallen. Leuchten nun ausser der blauen Luft auch noch grüne Bäume, rothe Ziegeldächer und gelbliche Mauerflächen zum Fenster herein: so zeigt sich alsbald auf dem Papier ein herrliches Farbenspiel. Nicht nur die genannten, sondern auch deren Contrastfarben machen sich bemerklich; mit einem Wort: man sieht das ganze Spectrum.

Im Garten von Sanssouci zu Potsdam befindet sich ein kleines Wasserwerk, von Friedrich dem Grossen herrührend und dort unter der Bezeichnung „Dresdner Vase" jedermann bekannt. In der Mitte eines Bassins steht ein Postament mit vier muschelähnlichen Schalen und darüber vier Wasserspeiern (Masken); darauf die Vase selbst mit einem Fries von Figurengruppen in Bas-Relief und ausserdem mit vollrunden freien Figuren: einer Sylphide und zwei Genien besetzt. Das ganze Gebilde ist reich an Flächen der verschiedensten Lage und wenn die Sonne darauf scheint, dann entwickelt sich ein wahres Bouquet von farbigen Reflexen: blau aus der Luft, grün von den Bäumen, röthlich von dem Wasser unten und bräunlichgelb, wo die Farbe des Materials im Widerschein zur Geltung kommt. Und neben diesem Allen die weisslichgelb beleuchteten Theile der Vase. (Ich besitze eine Studie davon.)

Betrachtet man durch gewöhnliches blaues Glas einen von der Sonne beleuchteten Baum, so zeigt sich da etwas, was bisher noch nicht befriedigend erklärt worden ist. Die transparenten, lebhaft hellgrünen Blätter sehen roth aus, während alles Uebrige vorwiegend in der Farbe des Glases, also blau erscheint.*)

Bei nebligem Wetter kann man an brennenden Laternen die Veränderung der Farben durch die Entfernung deutlich bemerken. Die Flamme der näheren erscheint fast weisslich, die der ferneren gelblich bis röthlich.

Zu den farbigen Lichtquellen müssen wir auch die rothe Abendsonne rechnen. Diejenigen Dinge, welche selbst keine

---

*) Eine Flamme hinter blauem Glase ebenfalls meist roth. Das transparente Grün des Laubes wird in der Photographie schwarz, ist also chemisch wirkungslos.

ausgesprochne Lokalfarbe haben, nehmen umsomehr die Farbe der Lichtquelle an, und daraus erklärt sich auch das vielbesprochne „Glühen" der Alpenfirnen. Unsre dunklen und missfarbigen Nadelwälder sind auch in der Abendsonne besonders schön.

Ein Spiegel von starkem Glase reflectirt sowohl von seiner oberen, als auch von seiner unteren Fläche, und die beiden Bilder decken sich, von der Seite gesehen, nicht überall. Die Farbe jedes Einzelnen ist zwar ähnlich, aber sehr matt und schwach; erst, wo beide zusammenfallen, voll und kräftig. — Aehnliches bietet der sogenannte Scheinersche Versuch. (Hier spaltet sich nur die directe Wahrnehmung.)

Kapitel II.
Die Stimmung.

„Das eigentliche innerste Wesen des malerischen Gedankens ist zwar niemals durch Worte völlig wiederzugeben, es wäre ja dann auch unnütz zu zeichnen, zu malen und zu meisseln; aber es lässt sich im Allgemeinen sagen, dass die unendliche Reihe unserer Gemüthsstimmungen, von der harmlosesten Heiterkeit bis zur tiefsten Schwermuth, eine Ausdrucksweise im atmosphärischen Leben unseres Erdballs findet, oder richtiger, dass die Seele für ihre verschiedensten Empfindungen Widerklänge in den Wandlungen unserer Atmosphäre findet."
(Max Schmidt.)

„Dichter ist, wer seinen Empfindungszustand in ein Object legen kann."
(Schiller.)

Unsere ganze moderne Kunst hat, im engsten Zusammenhang mit dieser Culturstufe, einen starken Zug aufs Innere. Das lehrt uns die Blüthe der Musik, deren Wirkung darin besteht, „die innern Bewegungen des Gemüthes durch analogische äussere zu begleiten und zu versinnlichen." (Schiller.) Auch der eigentliche Werth der Landschaftsmalerei (im weitern Sinne) liegt auf der subjectiven Seite. „Dringt.... der Landschaftsmaler in das Geheimniss jener Gesetze ein, welche über die innern Bewegungen des menschlichen Herzens walten, und studirt er die Analogie, welche zwischen diesen Gemüthsbewegungen und gewissen äussern Erscheinungen Statt findet, so wird er aus einem Bildner gemeiner Natur zum wahrhaften Seelenmaler." (Schiller.) „Der Zuschauer will und soll in allem Schönen sich selbst wiederfinden, denn er ist der Mensch, und der Mensch das gelöste Geheimniss der Welt." (Vischer.) Bedeutung hat für uns nur, was uns gleichartig ist, und so ist die Tendenz der alten und neuen Kunstrichtung die nämliche, wenngleich sie von verschiedenen Seiten auf die Lösung ihrer Aufgabe hinarbeiten.

Wie die Falten eines Gewandes sich den Formen des Körpers anschmiegen und sie gleichsam durchscheinen lassen: ebenso giebt (umgekehrt) die elastische und stimmungsfähige Seele demjenigen nach, was gerade in der umgebenden Natur herrschend ist. Wer weiss denn auch, wie vielleicht das Eine sich am Andern entwickelt und herangebildet hat, dass wir Beides in der Idee so leicht verschmelzen können? Wenigstens bemerken wir in Gegenden, wo die Natur immer im Festkleide ist: da zeigt sich auch der Mensch immer festlich gestimmt. Es liegt in solcher Stimmung des Gemüthes eine sinnige Bereitung und entgegenkommende Empfänglichkeit für Eindrücke besonderer Art, wie in der religiösen Andacht gleichfalls. Sie mag sich dann steigern bis zur willenlosen Nach- und Hingabe an dieselben. Aber, wie gesagt, es könnte von einem solchen Aufgeben des eignen Ich keine Rede sein, wenn es nicht im Aeussern wiedergefunden würde. Und je feiner das Gefühl für die umgebende Natur ist, um so schneidender wird auch der Gegensatz empfunden, der entsteht, sobald das Innere unter dem Druck anderer Empfindungen zu sehr leidet, um mit dem Aeussern zusammenklingen zu können.

Wenn (n. Lavater) Alles Aeussere Ausdruck von der Beschaffenheit des Inwendigen ist, dann darf uns jener bekannte Hang zum Symbolisiren nicht Wunder nehmen. Wie stark und wie unwillkürlich dieser Hang ist, dafür giebt uns die

Sprache ein beredtes Zeugniss. „Das physikalisch Helle vergleicht sich dem geistig Hellen, das Trübe, Düstere dem gemüthlich Trüben und Düsteren u. s. w., man sieht, dass selbst die Sprache für Beides nur dasselbe Wort hat, das bildliche, das sie aus der Natur nimmt." (Vischer.) Ja, es geht noch weiter. Der Mensch leiht vollständig seine Seele an die Natur und tritt „gleichsam als der Vormund seiner unmündigen Mitgeschöpfe auf." (Schnaase.) Alle ihre Eigenthümlichkeiten, ihre Aeusserungen bezieht er auf sich und deutet sie in seiner Weise.*)

Indem ich damit glaube, den hohen künstlerischen Werth der freien Natur und ihrer Wandlungen dargethan zu haben: gehe ich auf einige besondere Stimmungscharaktere etwas näher ein. Die beiden äussersten Extreme wollen wir als das „Heitere" und das „Ernste" bezeichnen. Zwischen ihnen liegt als Vereinigung beider das „Prächtige" einerseits und das „Sanfte, Weiche, Schmelzende bis zum Sehnsüchtigen oder Melancholischen" andrerseits. Dazu kommen dann noch die mannigfachsten Uebergänge. — Hier heitrer Sonnenschein mit klarem blauen Himmel und dort dagegen die ernste, erhabne Naturgewalt im Gewitter. Die Feierstimmung eines glühenden Sonnenuntergangs und das geheimnissvoll in sich zurückgezogene Leben und Weben einer Mondnacht am See. Die Melancholie von Herbst und Winter und das Ahnungsfrohe des erwachenden Frühlings. Bald herrschen da die lichten Töne vor, wie im vollen Sonnenlicht; bald die schattigen, wie zur Nacht. Während dem Gewitter gewöhnlich starker Gegensatz des Hellen und Dunklen eignet, wirken im Sonnenuntergang vor Allem die farbigen Contraste. Das Warme hier fehlt wiederum im Mondlicht beinahe ganz, und so werden im Wechsel der Naturstimmungen fort und fort andere Seiten des Gemüthes herangezogen.

---

*) Ein Paar Beispiele aus Schillers Gedichten mögen genügen:
1) „Schon winkt auf hohem Bergesrücken Akrokorinth" u. s. w.
2) „Und sieh, aus dem Felsen, geschwätzig, schnell, springt murmelnd hervor ein lebendiger Quell" u. s. w.

Die besondere Beleuchtung nach Stärke und Färbung, mit ihren Beschränkungen und Veränderungen ist für die Idee eines Kunstwerkes von der höchsten Bedeutung. Sie hebt einzelne Züge des Bildes heraus, ordnet andere unter und zaubert auf dem objectiv Beständigen einen vergänglichen Schimmer, der über jenes hinaus auf ein Anderes, Höheres weist. In diesem Anderen liegt dann erst der rechte Zusammenklang, die wahre Harmonie.

Abendlandschaft.

Goldner Schein
Deckt den Hain.
Mild beleuchtet Zauberschimmer
Der umbuschten Waldburg Trümmer.

Still und hehr
Strahlt das Meer;
Heimwärts gleiten, sanft wie Schwäne
Fern am Eiland Fischerkähne.

Silbersand
Blinkt am Strand;
Röther schweben hier, dort blässer,
Wolkenbilder im Gewässer.

Rauschend kränzt,
Goldbeglänzt,
Wankend Ried des Vorlands Hügel,
Wild umschwärmt vom Seegeflügel.

Malerisch
Im Gebüsch
Winkt mit Gärtchen, Laub und Quelle
Die bemooste Klausnerzelle.

Auf der Flut
Stirbt die Glut;
Schon erblasst der Abendschimmer
An der hohen Waldburg Trümmer.

Vollmondschein
Deckt den Hain;
Geisterlispel wehn im Thale
Um versunkne Heldenmale.

(Matthisson.)

Kapitel III.
Die technische Behandlung des Gemäldes.

Die Wirkung eines Gemäldes wird nur dann vollkommen werden, wenn mehrere Farbenreihen, die ihre Entstehung ganz verschiedenen Ursachen verdanken, in gleicher Weise zur Geltung gelangen.

Obenan stehen die Lokalfarben, die wir uns an den Körpern haftend denken. Anfänger betonen diese Farben immer zu stark; dahin gehört z. B. das zu grelle Grün der Bäume in manchen Landschaftsbildern. Die Lokalfarben geben dem Bilde eine gewisse Frische, sie trennen und sondern, und zwar, wo sie allein auftreten, mit einer Schärfe, die jeden Zusammenhang und jede Beziehung aufhebt. Aber die vor den Bildgegenständen befindliche Luft breitet einen Schleier über das Ganze; dadurch werden die Gegensätze wiederum gemildert. Die Farben der Luftperspective bringen die zwischen den einzelnen Zügen oder Gründen befindlichen Luftschichten zum Ausdruck, und bezeichnen so die verschiedenen Grade der Entfernung. Sie wirken verbindend und vermittelnd, und geben dem Bilde die Haltung. Dazu kommen endlich noch die Farben der Beleuchtung und Stimmung. Diese ordnen unter, was nebensächlich, und heben hervor, was hauptsächlich ist. Sie geben dem Bilde die Harmonie.

Wir werden also stets Rücksicht zu nehmen haben: 1) auf die Farbe, welche der Gegenstand an sich hat, denn auch die dunkelste Nacht wird ihm noch einen Schimmer davon übrig lassen; 2) darauf, wie sich diese Farbe durch die zwischen ihr und dem Auge liegende Luftschicht*) verändert, und 3) wie diese Farbe durch die Beleuchtung mannigfach gewandelt wird.

Damit kommen wir unwillkürlich auf dasjenige, was ich „Transposition" (Uebertragung) nennen möchte. (Transponiren bedeutet in der Musik „aus einer Tonart in die andere übertragen.") Dieselbe Partie aus einer Landschaft wird nahe und fern allerdings verschieden erscheinen: aber die Proportionen (das Verhältnissmässige) der verschiedenen Lokalfarben werden doch immer dieselben bleiben, d. h. der Baum, der sich in der Nähe durch eine besonders lebhafte Farbe auszeichnete, wird es auch in der Ferne thun, obgleich die Farbenunterschiede im Ganzen geringer geworden sind. Zugleichem wird auch dieselbe Partie im Licht und Schatten verschieden aussehen. Die Proportionen bleiben hier ebenfalls die nämlichen; wenn das auch nicht immer streng mathematisch verstanden werden darf. Das rothe Ziegeldach hebt sich durch seine Farbe aus der Umgebung im Schatten hervor, so wie im Licht. Trotzdem ist das schattige Roth von dem lichten Roth sehr verschieden. Wenn es sich darum handelt, eine Sache zu begreifen, dann muss man sie in ihre Bestandtheile zerlegen (analysiren). Der hohe Reiz eines Gemäldes jedoch: der liegt grossentheils darin, dass diese verschiedenen Farbenreihen so zart durcheinander gewoben sind.

Zusehr überwiegen darf keine, weil sonst wesentliche Momente fehlen würden. An älteren Wirthshausschildern kann man sehen, wie roh die Wirkung bei überwiegender Lokalfarbe ist. Betrachten wir dagegen nun, was übrig bleibt, sobald man sie ganz beseitigt. Eine Art Farbendrücke (vielleicht mehr aus einem gewissen Takt, als aus Ueberlegung und bewusster Absicht hervorgegangen) sucht Luftperspective

---

*) Die Entfernung schwächt Umriss, Plastik, Farbe, Licht und Schatten.

und Beleuchtung zu vereinigen. Solche Sachen sprechen immer noch an, namentlich wegen der Missachtung, welcher, aus der oben näher bezeichneten Ursache, die Lokalfarben oft verfallen sind. Etwas Schulmeisterliches behalten sie jedoch immer; sie wollen mehr belehren, als erfreuen. Uebertragen wir das auf die isochrome Zeichnung. Diese übersieht im Allgemeinen die Lokalfarben keineswegs; wohl aber berücksichtigt sie nur den Ton oder die Quantität derselben, und wenn ihr das recht gelungen ist, sagt man von einer solchen Zeichnung: sie habe Farbe (z. B. bei Gustav Doré). Die Zeichnung ohne Lokalton führt uns auf die Manier, welche lange Zeit im Holzschnitt die Alleinherrschaft geführt hat. Ich meine die Manier Ludwig Richters und seiner Schüler (Oscar Pletsch u. A.), nach ihm benannt, wiewohl er selbst nicht immer bis an die äusserste Grenze gegangen ist. Diese kennt also eigentlich nur Töne, welche durch die Modellation bedingt sind. Eine Harzlandschaft (Lautenthal) habe ich selbst so in Wasserfarben ausgeführt, dass sowohl die Lokalfarben, als auch die Farben der Beleuchtung gänzlich ausgeschlossen blieben. Ich beschränkte mich also, wie gesagt, auf die Farben der Luftperspective. Der Eindruck, den ein solches Bild macht, ist der von etwas ungemein Zartem, Geisterhaftem. Nach und nach erregt es aber ein gewisses Grauen: da ist kein Leben, nicht Fleisch und Blut, wenn ich so sagen darf, das sind nur noch Gespenster, Schemen. Man sollte Kindern Bilder, die in diesen Farben gedruckt sind, zum Coloriren geben. Das würde, mehr als alles Andere, das junge Auge bilden. Manchem namhaften Künstler ist die Luftperspective noch gegenwärtig wenig geläufig. Anlagen und Untermalungen pflegen für gewöhnlich nur Licht und Schatten wiederzugeben, sind dann einfarbig und einer Zeichnung, im weiteren Sinne gleich zu achten. Schliesslich erinnere ich noch an die in Kap. III. des optischen Theiles erwähnte Photographie.

Im Allgemeinen werden die warmen Farben mehr auf der Lichtseite, die kalten mehr auf der Schattenseite liegen; ebenso die hellen Farben auf jener, die dunklen auf dieser. Warm und kalt sind aber nur relative Begriffe und ob eine Farbe an sich schon warm oder kalt sei, ist manchmal schwer zu sagen. Es kann recht wohl ein Gegenstand von kühler Farbe, wie z. B. ein bläuliches Schieferdach, auch im Licht noch kälter sein, als irgend etwas Anderes aus der Umgebung im Schatten. Die lichte Seite ist dann nur wärmer, als die schattige, also z. B. verhältnissmässig ins Röthliche oder Bräunliche ziehend und dabei vielleicht kaum Grau. Dasselbe gilt auch bei dunklen Lokalfarben, und Bezeichnungen, wie „kaltes Licht" und „dunkles Licht" sind Künstlern ganz geläufige Ausdrücke. Noch mehr! Wo ein Licht sehr stark in die Höhe getrieben wird, so dass unser Auge von seiner ganzen Energie nur das Helle empfindet: da kann recht wohl, wenigstens in der Nähe, der Schatten das Wärmere sein. So bei manchen Studienköpfen, die scharf am Rande hellglänzende Lichter, und mehr nach vorn sattgefärbte und durchsichtige Schattenpartien zeigen.

Jetzt bleibt uns noch übrig, eine, aus der Erfahrung hergeleitete, kurze Anleitung für die praktische Ausführung der Arbeit zu geben.

Es ist durchaus zweierlei: die Farbe an und für sich, und die Farbe im Bilde, also in Gesellschaft der andern. Im letzteren Fall gewinnt sie offenbar an Energie, und dieselbe Farbe, welche im Bilde an der rechten Stelle vortrefflich wirkt, erscheint, aus dem Zusammenhang herausgenommen, matt und trübe. Dem Anfänger kann man das gar nicht eindringlich genug vorführen. Er arbeitet, weil er lebhaft und frisch empfindet, gar zu gern mit ungebrochnen Farben. Ferner ist zu beachten, dass wir nicht immer stark decken dürfen, um eine darunter liegende Farbe vollständig unwirksam zu machen; ja, dass wirs nicht einmal immer können. Deshalb soll man für die Untermalung des Oelbildes vorzugsweise hellere Farben nehmen, und auf die lichtesten Stellen setze man zu Anfang das reine Weiss. Für die Anlage der tieferen Schatten des Vordergrundes bediene man sich einer warmen und durchsichtigen braunen Farbe. Die Luft in der Landschaft erfordert eine sehr sorgfältige und saubere Behandlung, und wird deshalb nicht stückweise, sondern im Ganzen gearbeitet; dazu gleich dasjenige mit, wo andere Dinge mit ihr zusammenstossen. Das schliesst gar nicht aus, dass in besondern Fällen die Luft erst ganz zuletzt vollkommen fertig gemacht wird. Sie ist, so wie so, wegen der nöthigen Trübung von Mittelgrund und Ferne, einigemal zu überarbeiten. Viele Künstler begnügen sich zwar damit, die Farben allein mechanisch zu mischen. Ich möchte nun keineswegs so weit gehen, zu behaupten, dass wir, streng und in allen Stücken, den Weg der Natur, wie man's nennen könnte, nachgehen müssen;*) also die Ferne durch viel, den Mittelgrund durch weniger Luftblau zurückzutreiben. Aber eine Andeutung von Trübe in den tiefern Gründen wird gegenwärtig ein feineres Auge kaum noch entbehren können. Wir haben sonst einen Mangel, der auffällt und gar leicht den rechten Genuss, das reine Wohlgefallen beeinträchtigt. Wird erst die Kritik herausgefordert, dann fällt mit dem Schlechten auch bald das Gute. Göthe bezeichnet ein Verfahren, wie das hier empfohlene, sehr treffend als ein „Zerstören des Allgemeinen und Elementaren" in der Farbeerscheinung. Die vollendete Technik wird uns eben das Material vergessen machen. Freilich muss aber auch wieder alle Technik „aus innerer Nothwendigkeit" (M. Schmidt) entspringen.

Wie schon gesagt, haben im Gemälde die gebrochnen Farben das Uebergewicht, und die reinen und wirksameren werden sich für gewöhnlich in verwandter Umgebung befinden. Da bilden sich ganze Farbenzüge, ein stetes Auf- und Niederwallen; und während uns eine Composition von nur reinen Farben gleichsam grob hin und her stösst, folgen wir mit un-

---

*) Um sich von dem hier und schon früher Behaupteten zu überzeugen, hänge man nur einmal vor ein brünettes Gesicht einen weissen Schleier. Man wird durch die zarte rosige Farbe, die sich da zeigt, gewiss überrascht werden.

serm Gefühl gern solchen anmuthigeren Bewegungen. Mir gegenüber hängt ein Bild, woran ich erläutern kann, was ich meine. Die helle gelbweisse Wand eines ländlichen Hauses zieht zuerst die Aufmerksamkeit auf sich. Von da gleitet man mit dem Auge weiter zur bräunlichgelben Lehmfüllung des oberen Stockwerks; weiter zum fahlbraunen Schilfrohrdach und endlich zum gebrochnen Grün des nebenstehenden Lindenbaumes.

Das Bunte und Unruhige zeigt sich, wenn ein Einzelnes oder Mehrere unvermittelt stehen. Deshalb müssen die wirksameren Partien in einem Aeussersten gewissermaassen gipfeln (Lichtfocus.).

Für lebhafte Reflexe eignen sich satte kräftige Deckfarben: die durchsichtigen Partien sind durch Lasuren zu geben. So flaches Wasser, welches den Boden durchscheinen lässt, transparente Laubmassen u. s. w. Aber auch der Vordergrund darf ganz und gar lasirt werden, wenn es nicht anders gelingen will, Mittelgrund und Ferne zurückzuwerfen. Und umgekehrt wolle man nicht versäumen, saftig lasirtes Laub im Mittelgrunde schon wieder mit einer dünnen Lage von Luftfarbe zu überziehen. Es ist Vieles zu berücksichtigen, und zum Unterordnen des Geringeren unter das Wichtigere gehört oft ein feiner Takt. Man soll ja auch die Farbe nicht zu sehr „quälen," weil sie sich wegen ihrer chemischen Eigenschaften nicht zu Allem gebrauchen lässt.

Der Vordergrund klar und in seinen Einzelheiten verständlich; das erfordert gerade hier das Vermeiden alles Schmutzigen und Trüben. Geschickte Maler wissen längst zu schattiren, ohne dass sie sich der ungeeigneten schwarzen Farben der Palette bedienen; indem diese viel zu deckend und schmierig sind und jedes Farbeleben ersticken würden. Ich selbst lasse, in meiner Neigung zum Systematischen, Elfenbeinschwarz z. B. nur als Lokalfarbe gelten. Ingleichem Ultramarinblau und die Kobaltfarben, welche ebenfalls die meisten Mischungen beschmutzen. Oft ist der Vordergrund reich an Gestalten mit Flächen von der verschiedensten Lage. Der Künstler ist nicht wohl im Stande, das Alles bis ins kleinste mit dem Pinsel zu zeichnen, und er hilft sich dann durch ein Spiel von kleinen Farbeflecken, was nach Früherem ganz passend erachtet werden muss. Die Farbe vertritt die Stelle der Form, sie vicarirt.

Hat man einmal dieselbe Farbe gegen die Absicht über verschiedenfarbigen (und verschieden hellen) Grund hinweggeführt: da merkt man bald, dass man nicht auskommt und zum Mischen seine Zuflucht nehmen muss. Braun lasirt z. B. sehr ins Gelbe und man hat es deshalb mit Roth zu versetzen, wenn es mit den gedeckten Stellen zusammenschmelzen soll.

Das Eigenthümliche des Stoffes verdient volle Aufmerksamkeit. Man gewinnt damit ein Mittel, die Gegensätze über das Vermögen der Farbe hinaus zu steigern. Dahin gehört der Glanz edler Metalle mit seinen hellen Lichtern, dunklen Schatten, kräftigen Reflexen, der Sammet, der seiner eigenthümlichen Structur wegen die Stellung von Licht und Schatten vertauscht, Krystall, Seide u. s. w. Um diesen billigen, wenn auch nicht höchsten, Anforderungen zu genügen, werden stark gedeckte Stellen glatt geschliffen, andere gekratzt, Lasuren in die Fugen und Vertiefungen eingerieben, und wiederum von den Erhöhungen abgewischt. So hat sich namentlich nach der Seite hin die Malerei in unsrer Zeit entwickelt;[*]) sie kommt dabei freilich in Gefahr, an der ideenlosen Mache, dem platten Materialismus unterzugehen. Aengstliche Gemüther wollten auch schon am Genius der Menschheit verzweifeln. Aber man erinnere sich doch, wie das Werden im steten Flusse bleibt, und das Gewordene nur den flüchtigen Moment bezeichnet, den wir herausgegriffen haben. Ehe man darüber aburtheilt, hat ihn die Geschichte vielleicht schon wieder überholt.

Die Farben der Natur sind nicht selten so glänzend, dass wir ihre Wirkung nicht wiedergeben können. Da ist es dann

---

*) In einer Landschaft von Weber ist die blendend grauweissliche Luft stark aufgehöht und abgeschliffen; die schattigen Weidenbäume davor sind tief eingekratzt und eingerieben.

erlaubt, das Aeusserste aufzuwenden, um das Mögliche zu erreichen.*) Man steigert die Contraste; man setzt an die Stelle der sehr hellen Farbe, welche man nicht aufbringen kann, eine ähnliche, die durch ihre Wärme ersetzt, was ihr an Leuchtkraft gebricht. Man malt Lichtsäume und Höfe mit, deckt über die Sonne dichtes Gewölk und überlässt der Phantasie das Uebrige, um damit mehr zu gewinnen, als man aufgegeben hat. (Aus Lessings Laokoon: „dem Auge das Aeusserste zeigen heisst der Phantasie die Flügel binden.") Und endlich giebt man, wenn die Ursache unerreichbar bleibt, ihre Wirkung, wie z. B. im Abendsonnenschein.

„Bedenke, dass der Maler kein Anstreicher sein darf, und bilde Dir nicht ein, die Natur sei so langweilig, wie Du selber bist. Male so, dass der Phantasie nicht entgegengearbeitet wird, dass sie nicht auf Unvernünftiges und Absurdes verfällt, denn sie deutet Alles, wo nicht zum Rechten, da zum Unrechten. Gieb ihr aber nur kurze Andeutungen, weil sie liebt, sich selbst thätig zu erweisen. Was Du ohne Brille nicht sehen kannst, brauchst Du auch sicher nicht zu malen, und der kleinliche, peinliche Dilettant steht ebenso tief unter dem Künstler, wie der Schwätzer unter dem Redner. Was Du giebst, das gieb dem Gegenstand angemessen, aber bewusst und sicher, denn die kecke Pinselführung gleicht dem Ton der Ueberzeugung beim Sprechen."

Weiter oben war von der „Transposition" die Rede in Anwendung auf einzelne Partien oder Gründe des Bildes. Es können jedoch auch zwei ganze Gemälde in einem solchen gegenseitigen Verhältniss stehen; es können beide nach Gegenstand und Zeichnung vollkommen gleich sein, aber eines heller, blasser, das andere dunkler und satter, eines kräftiger, das andere matter, eines wärmer, das andere kühler im Gan-

---

*) Hildebrandt hatte in einem Bilde (am Genfer See) den Grund der Luft mit jaune capucine röthlich lasirt, und diese Lasur für das Gewölk stehen lassen; dagegen das Luftblau in schweren Tönen pastos (v. ital. pasta, der Teig) darauf gemalt. Die Wirkung war hart, aber ungemein prächtig.

zen. Ausserdem kann die Verschiedenheit durch das Material bedingt sein. In tempera (einer Art Deckfarben) und al fresco (Wandmalerei) kann man nicht lasiren, und in Aquarell nur mässig decken. Das farbige Bild in der camera obscura übersetzt die Deckfarben der Natur in transparente, weil sie nur über letztere verfügt. Beim Copiren von Gemälden kommt es ebenso weniger auf das genaue Treffen einzelner Farben an, als vielmehr auf das richtige gegenseitige Verhältniss derselben.

Jedes Colorit hat sein Eigenthümliches, und so verschieden die einzelnen Künstlerindividualitäten, so verschieden ist im Grunde auch das Colorit. Göthe sagt in seiner Farbenlehre: „Was man bisher Ton nannte, war ein Schleier von einer einzigen Farbe über das ganze Bild gezogen. Man nahm ihn gewöhnlich gelb, indem man aus Instinkt das Bild auf die mächtige Seite zu treiben suchte." Und weiter: „Eben diese Unsicherheit ist Ursache, dass man die Farben der Gemälde so sehr gebrochen hat, dass man aus dem Grauen heraus und ins Graue hineinmalt, und die Farbe so leise behandelt wie möglich." Die Maler unter sich nennen Jenes „Honigkuchen," Dieses „Kleister." Der alte Zopf hat nicht ermangelt, solch unwahres Colorit als etwas Besonderes, ja, als das Alleinseligmachende zu empfehlen. — Wir wissen aus dem Früheren recht gut, dass eine Lasur mit einer Farbe das Verwandte zwar hebt, alles andere aber verunreinigt. Wir werden darum öfter vorziehen, uns auf der Peripherie (dem Umfang) unsers Farbenkreises gegen die bestimmende Seite hinzuziehen; also durch reine Farben. Unser Auge strebt immer zur Totalität, und wo einzelne Farben ganz fehlen (namentlich Roth), da führt der innere Drang dazu, den Mangel zu ersetzen. So erklärt sich auch die Vorliebe für solche Figürchen in der Landschaft, an denen sich etwas Roth anbringen lässt. Wenn aber gar die ganze Natur sich in Purpur und Meergrün kleidet, dann glaubt man in einer Feeuwelt zu sein. (Man lese bei Göthe die Schilderung eines Abends im Gebirge.)

Ganz gleichgiltig ist es nun doch eigentlich nicht, ob man eine Farbe der Natur (oder des Originalgemäldes) genau getroffen hat. Das gebildete Auge wird bei vielen Mischungen die Bestandtheile angeben können, und selbst das stört den Eindruck, was nicht zum Bewusstsein kommt. Z. B. sind Deckfarben für die Luft viel zu schwer,*) Abendroth, mit Zinnober und Chrom wiedergegeben, sieht aus wie eine angestrichne Mauer. Ebenso sind viele Farben unsrer Palette für Laub lange nicht zart und leicht genug. Das stumpfe Grün unsrer Nadelwälder hat mit den Kobaltfarben viel Aehnliches.

Trotz der lichten Farben ist die plastische Wirkung der Wolken sehr bedeutend; sie nimmt bis zu einem gewissen Grade mit der Entfernung zu. Gleichzeitig macht sich hier der Farbencontrast zwischen Licht- und Schattenpartien auffallend bemerklich: zwei Skalen nebeneinander. Wenn nämlich das Beleuchtete nach der Ferne hin ins Gelbliche und Röthliche übergeht, wandert der Schatten daneben durch Violet nach Grünblau.

Kapitel IV.
Aesthetisches.

Wenn die Kunst nicht noch immer Menschenherzen gefunden hätte, die willig auf sich wirken lassen: sie bestände gewiss längst nicht mehr. Das strenge und zersetzende Urtheilen des Verstandes begünstigt sie nicht. Trotzdem wird es im Verein mit der Phantasie dereinst die Kunst auf die Höhe der Vollendung führen.

So überraschend das auch klingt, wenn mans zum ersten Male hört, es ist dennoch wahr: nicht die Feinheit, sondern vielmehr die Grobheit unserer Sinnesorgane kommt der Befriedigung des ästhetischen Bedürfnisses entgegen. Wir können die sog. gleichschwebende Temperatur des Claviers, also lauter unreine Intervalle, recht gut ertragen; denn unsere musikalischen Genüsse werden dadurch nicht beeinträchtigt. Ebenso in der Malerei. Da genügt oft eine Andeutung, eine

---

*) Weiss ist selbstverständlich nicht zu vermeiden.

unbestimmte Erinnerung an den darzustellenden Gegenstand, ein Ohngefähr. Ehedem gab es Abcfibeln mit Knüttelversen und colorirten Bildern. Ich weiss es nun gar nicht anders, als dass darin jedesmal die **Kuh** oder **Gevatter Reinecke** tapfer mit Mennigroth angestrichen waren, obgleich deren Farbe nach ihrer Nüance und auch sonst dem Goldocker weit eher entspricht. Die Kinder von heute lassen sich das wohl nicht mehr gefallen?

Was uns den Kunstgenuss schafft, ist nicht das Bildwerk selbst, sondern dasjenige, was unsere Phantasie daraus macht. Ist letztere sehr rege, dann bedarf es nur wenig; hat aber im Gegentheil die Kritik das Uebergewicht: so steigern sich die Anforderungen an den Künstler bis hart zur Grenze des Möglichen und Erfüllbaren. In unserer materiellen und deshalb dem Virtuosenthum so günstigen Zeit wird Treue und Naturwahrheit*) bis zur Täuschung gefordert. Die modernen Künstler mussten schwer darum kämpfen, und nur erst, wenn für die jüngere Generation, durch Ueberlieferung, das bis jetzt Errungene erhalten bleibt, dürfen wir hoffen: es werde sich ihr Hauptaugenmerk wieder auf das Wesentliche in der Kunst richten. Reiner Kunstgenuss ist nur möglich, sobald die Kritik nicht herausgefordert wird. Abdingen lässt sich aber eben unser Publikum von seinen Forderungen nichts, und der Künstler ist in den Horizont seiner Zeit gebannt. Ich bin überzeugt: das Seifwassercolorit mancher älteren Landschaften, wie die von van Dyk* zeigen, würde bei neueren Werken ohne Gnade verurtheilt werden.

Wir können nur wiedergeben, was wir vorher in uns aufgenommen haben; und so ist eigentlich Alles, was wir schaffen, erst der Umgebung abgelauscht. Aber wie wir wiedergeben: daran giebt sich unser eigenes Wesen zu erkennen,

---

*) Wie ergreifende Naturwahrheit für den Mangel idealer Auffassung entschädigen kann, das zeigen uns die Niederländer, Rembrandt an der Spitze.

das ist unser „Styl." Auf dem Grunde solcher Einwirkungen von Aussen erwächst die Kunst als eine andere Natur, und der Vergleich mit jener ersten ist in gewissem Sinne eine Probe für die Richtigkeit unserer Erkenntniss. Das Gesetz des Wachsthums und der Formenentfaltung haben wir zu begreifen gesucht: in welcher Weise dabei der Raum ausgenutzt wird, wie die Theile sich gegenseitig beschränken und deshalb einzeln für sich hinter dem zurückbleiben, wofür sie bestimmt waren, also gleichsam dissoniren, aber im Zusammenklang des Ganzen ihren befriedigenden Abschluss finden. (So füllt z. B. die hässliche Kropfweide im Bilde ihren Platz oft recht würdig aus, wenn sie zum Ganzen passt.)

Durch Gegenüberstellung der entsprechenden Theile gelangt das zusammengesetzte Blatt zur Symmetrie, und bei weniger einfachen Gebilden (Bäumen, Baumgruppen u. s. w.) erweitert sich der Begriff der Symmetrie zu dem des Gleichgewichts. Endlich wird aber auch „auf der höchsten Stufe malerischer Entwicklung eine Erinnerung an das architektonische Princip, aus dem sie hervorgegangen," zurückbleiben. (Schnaase.) Auf alle Fälle wirkt es störend, wenn die eine Hälfte des Bildes neben der andern leer erscheint. „Quanto cara è quest' aria" („Wie theuer" oder auch „wie kostbar ist diese Luft") sagte der König von Neapel,*) als ihm der bewusste Hackert eine Landschaft mit sehr viel blauem Himmel gemalt hatte.

Aesthetischen Werth haben geometrische Darstellungen im Gemälde niemals. Perspectivische dagegen sind für den bestimmten Ort des Beschauers berechnet, und sie allein gestatten einen Blick in ein grosses Naturganzes. Der Eindruck auf die Person des Beschauers (der Schein) ist eben die Hauptsache: das wolle man doch nie vergessen! Die Perspective kommt aber auch all unsern Wünschen auf das Bereitwilligste entgegen. Sie hilft uns zusammenfassen und die Nebensachen den Hauptsachen unterordnen, sie steigert fort und fort. Und, während sonst leicht mehrere gleichwerthige, und in gleicher

---

*) Der sog. re nasone.

Stärke die Aufmerksamkeit fesselnde, Punkte die einheitliche Wirkung stören, gestattet sie, dass das Bedeutendste im Bilde durch Gestalt und energisch gesammelte Färbung alles Uebrige in wohlthuendster Weise beherrscht. Wir wollen nicht zerstreut, sondern gesammelt sein. Einzelne Landschaftsmaler haben die unartige Gewohnheit, sauber und peinlich ausgeführte Pflanzen in die unteren Bildecken zu packen . . .

Ist die Hauptsache ein bestimmter Gegenstand, so wird derselbe seine Stelle in der Mitte des Bildes zu suchen haben; dabei weder so weit in der Ferne, dass er zu winzig erscheint, noch so nahe, dass er als ein Ganzes nicht mehr übersehen werden kann. Das Bildmotiv ist aber keineswegs immer an einen einzelnen Gegenstand geheftet, sondern es liegt weit öfter in gegenseitigen Beziehungen. So sind auch von den Künstlern ihre Gemälde meist sehr treffend bezeichnet worden, als: „am Waldesrand," „unter den Weiden," „Küste" u. s. w.

Die Kraft der Mittel reicht nicht immer an die Sache selbst heran. Da wendet man einen feinen Kunstgriff an, und schildert sie, indem man zeigt, was sie bewirkt. So redet uns der goldige Schein der Abendsonne auf den Wipfeln der Bäume von ihrer feurigen Gluth; jener blasse Schimmer am alten Gemäuer von dem milderen Lichte des Mondes. Im reizenden Farbenspiel der Wellen wiederholt sich die ganze Palette der Umgebung. Die Schlagschatten verrathen uns sowohl die Gestalten der beschatteten, als auch der schattenwerfenden Körper, und indem sie von Aussen in unser Bild hereinfallen, werden wir wiederum an den Zusammenhang des dargestellten Stückes mit dem Naturganzen erinnert. Wo man nicht gleich klar sieht, da ahnt man doch, und was eine vernünftige Erklärung nicht gestattet, muss sich eine Deutung gefallen lassen, die auf Sinnloses hinausläuft: denn die Phantasie verarbeitet in ihrer Weise durchaus Alles. Genug, jeder Pinselstrich will wohl erwogen sein.

Der Einheit des Ganzen steht Fülle und Reichthum nicht entgegen. Im Gegentheil: ein zählbar Vieles beunruhigt und zerstreut, ein Unzählbares nicht mehr. Dazu kommt, dass uns die Neigung, bis ins Endlose fortzusetzen, eigenthümlich ist.*) Wer nicht noch mehr blos andeutet, als er vollkommen giebt, lässt immer dürftig erscheinen. Der Künstler pflegt deshalb im Vordergrund die Blätter des Baumes nicht einzeln hinzusetzen, sondern er hilft sich durch die „Behandlung," die den Schein erweckt, als hätte er zahllose gemacht. Er steigert die Helligkeit der Luft gegen die Sonne hin mehr und mehr, bis wo er nicht weiter kann; und dann deckt er jenen unerreichbaren Glanz durch ein Gewölk.

Alpenlandschaften sind bekanntlich sehr ansprechend. Nirgends wird aber auch dem Auge gleichzeitig so viel geboten: Wald und Wasser, üppige Triften und gewaltige Höhen, hier Alles beisammen, was sonst vereinzelt. Neben den kräftigen Gegensätzen der Farben der Wechsel von sanft-welligen und schroffen zackigen Linien. Und das verbirgt sich nicht hintereinander, wie im Flachlande; es scheint uns vielmehr entgegengehoben, und wir umfassen ein grosses Stück freier Natur mit einem Blick.

Es bleibt uns hier noch übrig, von solchen Dingen zu reden, die weniger den ästhetischen Werth des Gemäldes bestimmen, als seine Wirkung ermöglichen. Wer vor lauter Subtilität seine Zeichnung so matt hält, dass man sie kaum erkennen kann, und wer aus Aengstlichkeit im Bilde alle lichten und wirksamen Farben vermeidet: der vergisst, wie selbstverständlich jedes derartige Werk zum Auge sprechen muss, und der Beschauer selten geneigt ist, die Vorzüge, welche sich ihm nicht von selbst darbieten, aufzusuchen.

Der Platz, den ein Gemälde einnehmen soll, kommt auch in Betracht. Plafonds (Zimmerdecken) hält man hell, weil sie wenig

---

*) Man überzeugt sich leicht von der Allgemeingiltigkeit, wenn man auf einer Landkarte mit farbigen, nach innen verwaschenen, Rändern angeben soll, wo das ungefärbte Papier beginnt. Das ist nämlich fast unmöglich.

Licht empfangen, an Teppichen dagegen liebt man dunkle und energische Farben. Hochhangende Bilder dürfen etwas vorn über geneigt sein, wofern sie nicht zu dunkel erscheinen. Solche mit hohem Horizont wirken besser von oben herab gesehen.

Manches Werk hat seine besonderen Vorzüge, die gar nicht ins ästhetische Gebiet fallen, von Unkundigen jedoch leicht dafür gehalten werden. Daraus erklärt es sich, wie manchmal die gewöhnlichsten Rücksichten unbeachtet bleiben. So fehlt z. B. den meisten der grossen Kaulbach'schen Wandgemälde im Treppenhause des neuen Museums zu Berlin die Einheit der Composition.

Schlusswort.

Bevor ich für diesmal von dem Leser Abschied nehme, muss ich noch nachtragen, dass ich, ausser den zu Anfang genannten Werken, die einschlagenden Aufsätze von Paul Reis in Westermanns Monatsheften während der Arbeit benutzt habe.

Ebenso wünsche ich bei dieser Gelegenheit, mich über einen Punkt auszusprechen, der möglicherweise Anstoss und Zweifel erregen könnte. Was ich „Polychromie" genannt habe, wird sonst auch als „Poikilochromie" bezeichnet. Doch dürfte Beides wohl auseinander zu halten sein, und ich meine: so wenig wie die Monochromie, die vollständige Einfarbigkeit (man denke an die bekannten Schattenrisse oder Silhouetten*) aus schwarzem Papier von Fröhlich und P. Konefka) eigentlich in dieses Gebiet gehört, ebensowenig die Poikilochromie (Buntfarbigkeit), wo man, wie bei den türkischen Shawls oft nicht recht weiss, ob man Grün oder Braun gesehen hat.

---

*) Vielleicht interessirt es den Leser zu erfahren, dass dieser Name eine Satire auf den ehemaligen französischen Finanzminister, Etienne de Silhouette, enthält, der durch seine Sparsamkeit den Volkswitz herausgefordert hatte.

Uebrigens gebrauchen auch die Franzosen für Bunt und Grau dasselbe Wort „gris."

So manches bewegt mich noch, mag aber für andere und passendere Gelegenheit verspart werden. Umsomehr, da ich den bestimmten Raum nicht zu überschreiten wünsche. Bei dieser gedrängten Kürze ist es freilich nicht möglich, den Gegenstand erschöpfend zu behandeln, und will ich mich gern zufrieden geben, wenn es mir nur gelungen ist, Anregung für eignes Forschen zu geben. Ich hoffe, dass ich mit dem ganzen Plane, sofern er auf gemeinsames Wirken von Kunst und Wissenschaft gerichtet ist, den künftigen Arbeitern auf diesem Gebiet ein giltiges Vorbild geliefert habe. Ja, ich bin dessen fast gewiss. Ob es mir dagegen in Bezug auf die Form der Darstellung ebenso gelungen ist, das Rechte zu treffen: das mag die Zeit lehren. Eine spätere Ueberarbeitung, auf den Rath theilnehmender Freunde und eigene kühlere Beurtheilung gestützt, wird sicher vieles bessern. Bis dahin sei diese kleine Schrift der Nachsicht des Publikums wärmstens empfohlen.

Osnabrück, im August 1873.

Thiele.

Anhang,

die beigegebenen Figurentafeln (I—IV) betreffend.

T. I. Fig. 1, 2 und 3. Durchschnitte von Hohlspiegeln: Ellipse, Parabel und Hyperbel. f und f' sind die Brennpunkte. (s. Optischer Theil, Kap. I.)

Fig. 4. Die Entfernung des Quadrates Q von der Lichtquelle L ist doppelt so gross, wie die Entfernung des Quadrates q von derselben. $q = \frac{1}{4} Q$ und demnach viermal so hell.

Fig. 5. Der Lichtstrahl e geht als gebrochner Strahl b zum Theil in ein dichteres Medium über, zum Theil wird er als Reflexstrahl r zurückgeworfen. ε = Einfallswinkel, β = Brechungswinkel, ϱ = Reflexionswinkel. l = Einfallsloth.

Fig. 6. Von einer grösseren Lichtquelle L wird ein kleinerer Gegenstand G erleuchtet, und der Schlagschatten dahinter von einer Wand W aufgefangen. k = Kernschatten, h = Halbschatten. (Durchschnitt.)

Fig. 7. Zur Versinnlichung der Interferenz.

T. II. Fig. 8 und 9. Punktreihen zur Versinnlichung von Longitudinal- und Transversal-Schwingungen.

*Fig. 10. *) Das Sonnenspectrum zwischen den Fraunhoferschen Linien A und H (nach Otto Ule). Es beginnt oben mit Karminroth, geht aber sofort über in Scharlachroth (Karmin, Gummigutta und wenig Zinnoberroth, Orangeroth und Orangegelb. Dicht unterhalb D liegt das reinste Gelb, die

---

*) Die mit einem * bezeichneten Figuren sollen vom Besitzer des Buches eigenhändig colorirt werden.

hellste Farbe vom Spectrum (Gummiguttä). Von da ab wird es wieder dunkler; unter F soll die Lichtstärke der zwischen B und C entsprechen. Zwischen E und F liegt das Grüne (Gummiguttä, Berlinerblau und Schweinfurtergrün). Bei G ist das Spectrum schon merklich dunkler als bei A. Das Blaue liegt etwa zwischen F und G (Kobalt und Ultramarin). Violet (Ultramarin mit Anilinroth) macht bei H den Beschluss. Die Uebergänge aus einer Farbe in die andere müssen sehr zart gehalten werden. (s. Optischer Theil, Kap. I.)

Fig. 11 und 12. Lineare Farbenschemata. Fig. 11 nach J. J. Müller in Poggendorfs Annalen. Die Buchstaben entsprechen hier den gleichnamigen Frauenhoferschen Linien; der gemeinsame Durchschnittspunkt dem farblosen Sonnenlicht. Die krummen Linien in Fig. 12 stehen für Durchmesser und Sehnen. Ihre Mittelpunkte geben die Mischfarben auf dem Kreisel, während die Mittelpunkte der geraden Verbindungslinien die Pigmentmischfarben anzeigen.

Fig. 13. Die Entstehung des Spectrums, wenn das Licht durch eine kreisförmige Oeffnung (und nicht, wie bei Fig. 10, durch einen Spalt) einfällt. O = Oeffnung, p = Prisma. s = farbloses Bild. r v gefärbtes Bild (ohne Querstreifen).

Fig. 14. Horizontaler Durchschnitt vom Augapfel. T. III.
B = Bindehaut.
H = Hornhaut.
W = Wasser.
R = Regenbogenhaut.
L = Linse.
G = Glas und Glashaut.
C = Ciliarkörper oder Faltenkranz.
N = Netzhaut und Sehnerv.
A = Aderhaut.
S = Sehnenhaut.

Fig. 15. Das *chiasma opticum*, Kreuzstelle der Sehnerven.
Fig. 16. Durchschnitt der Netzhautschichten nach Max Schultze (mitgetheilt von Bock), [vergrössert].
1. Innere Begrenzungsschicht.
2. Sehnervenfaserschicht.
3. Ganglienzellenschicht.
4. Innere granulirte Schicht.
5. Innere Körnerschicht.

6. Aeussere granulirte Schicht.
7. Aeussere Körnerschicht.
8. Aeussere Begrenzungsschicht.
9. Stäbchen- und Zapfenschicht.
10. Pigmentschicht.

Fig. 17. Das sogenannte reducirte Auge. Es dient dazu, den Weg der Lichtstrahlen und die Entstehung des Netzhautbildes zu zeigen.

*Fig. 18. Neuntheiliger Farbenkreis.
G = Gelblack. C = Karminroth. B = Berlinerblau.
Ch = Chromgelb. Z = Zinnoberroth. K = Kobaltblau.
O = Orange aus G und Z gemischt.
V = Violet aus C und K gemischt.
Gr = Grün aus B und Ch gemischt.

*Fig. 19. Zwei Farbenskalen in concentrische Kreise eingetragen. Zugleich zur Veranschaulichung des sog. Abklingens gewisser Blendungsbilder (s. Göthes Farbenlehre. Didaktischer Theil. IV.)

S = Schwarz. W = Weiss.
B = Blau. O = Orange.
V = Violet. G = Gelb.
R = Roth. Gr = Grün.
O = Orange. B = Blau.
G = Gelb. V = Violet.
W = Weiss. S = Schwarz. *)

Die Sättigungsgrade sollen stetig wachsen oder abnehmen. Man überzeugt sich durch den Augenschein, wie ausserordentlich wirksam diese Reihenfolgen sind, wie sie dem Künstler ein Mittel an die Hand geben, die Wirkung fort und fort zu steigern.

T. IV.   *Fig. 20 und 21. Zu Runges Farbenkugel; vordere Ansicht (Aufriss) und Aequatorialebene (Durchschnitt). Vom

---

*) Ich erwähne hier, dass nach sorgfältigen Untersuchungen die Contrastfarben nicht genau gegenseitig sind. So gehört z. B. zu dem Contrastgrün eines bestimmten Roth, wiederum ein etwas anderes Roth als Gegensatzfarbe.

allmähligen Uebergehen aus einer Farbe in die andere musste zu Nutzen der Belehrung abgesehen werden. (s. Chromatischer Theil, Kapitel I.) Fig. 20 enthält sechs Zonen. Die oberste soll sehr hell d. h. fast weiss gehalten werden, die zweite etwas kräftiger, die dritte etwas über, die vierte etwas unter der mittleren Sättigung, die fünfte dunkel, die sechste so, dass man die Farbe kaum noch erkennen kann.

Fig. 21. Der äusserste Ring enthält die reinen Farben (etwa Karmin, Violetlack, Berl. blau, Saftgrün, Gelblack, Orangelack oder Drachenblut mit Gummiguttä). Der zweite Ring die gebrochnen Farben und die Mitte das neutrale Grau.

Fig. 22 und 23. Zwei Farbenschemata aus Kreisen zusammengesetzt, in den Farben auszuführen, welche Lambert und Tobias Meyer empfohlen haben: Gelblack). Karmin, Berl. blau — und Chromgelb, Zinnober, Kobalt. Wo zwei Kreise übereinanderfallen, entstehen die bekannten Mischfarben, wo drei eine Art Schwarz.

*Fig. 24. Die vorigen Farben in Rechtecke eingetragen in der Folge: Gelb, Roth, Blau; Orange, Violet, Grün; Schwarz; — in je zwei verschiedenen (aber nach dem Verhältniss des goldenen Schnittes entsprechenden) Sättigungsgraden. Oben die Transparenten, unten die Deckenden.

*Fig. 25. Zwei Rechtecke, bandartig gestreift.

    s = chinesisch Schwarz (warmes Dunkelgrau)
    n = Neutraltinte (kaltes Dunkelgrau)
beide ziemlich tief, aber nicht in voller Stärke.

    C = Karminroth, G = Goldgelb (Gummiguttä mit wenig Karmin)
    V = Violet (etwa Anilienviolet) Gr = Grün (sanftes Blaugrün etwa Mittelkobaltgrün)

---

*) Eigentlich Gummiguttä.

NB. Wer den Gegensatz von Warm und Kalt noch zu erhöhen wünscht, dürfte dem chinesischen Tusch noch ein Geringes von Dunkelgelbbraun zusetzen.*)

Zur rechten Vertiefung in das Studium der Farben gehören stets fortgesetzte Uebungen ähnlicher Art, wie sie sich aus dem Text leicht herleiten lassen. Dann aber auch das Prüfen und Vergleichen schon vorhandener flachornamentaler Muster, wovon hier keines beigegeben wurde, um das Buch nicht unnöthigerweise zu vertheuern. Ein vortreffliches sehr fein ausgeführtes Werk, zugleich ein werthvoller Beitrag zur allgemeinen Kunstgeschichte (ja, ich möchte sagen zur Völkerpsychologie) ist:

RACINET

L'ORNEMENT POLYCHROME

100 Pl.

PARIS 1869.

---

*) Zur Bildung seines ästhetischen Urtheils stelle man ferner gegenüber:

Roth, Hellgelb	Rosa, dunkelgelb.
Blau, Hellroth	Hellblau, dunkelroth.
Blau, Hellgrün	Hellblau, dunkelgrün u. s. f.

Taf. I.

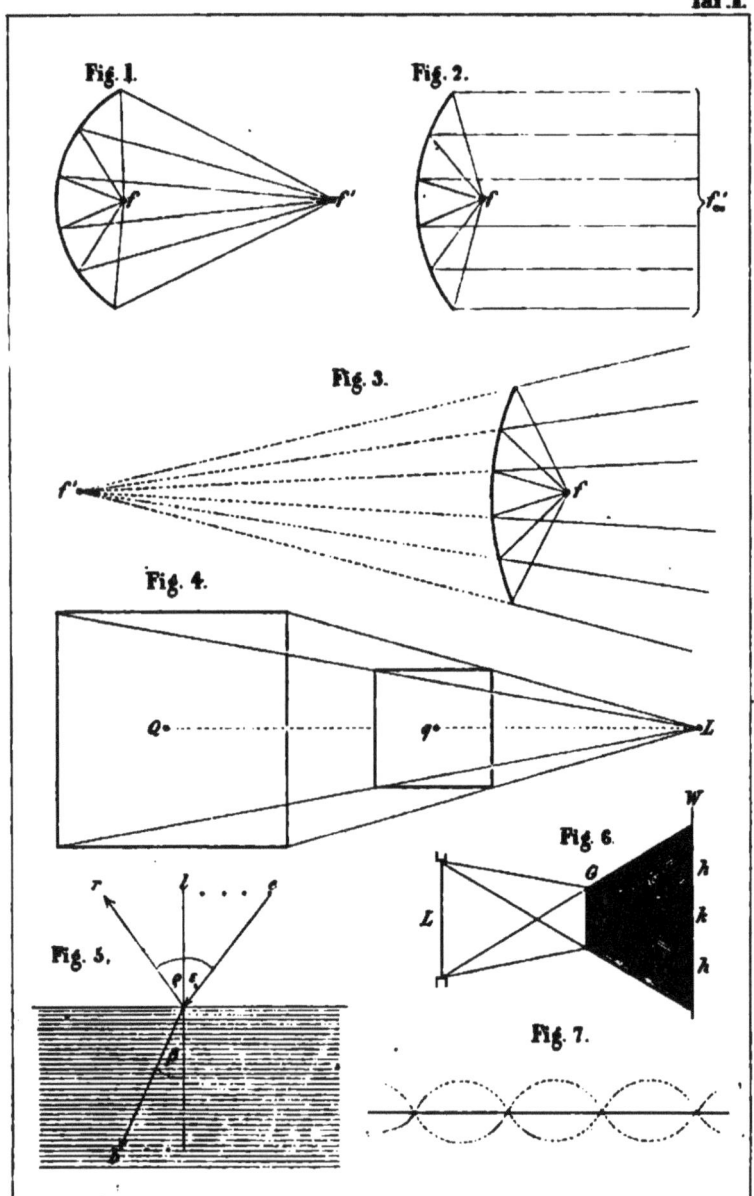

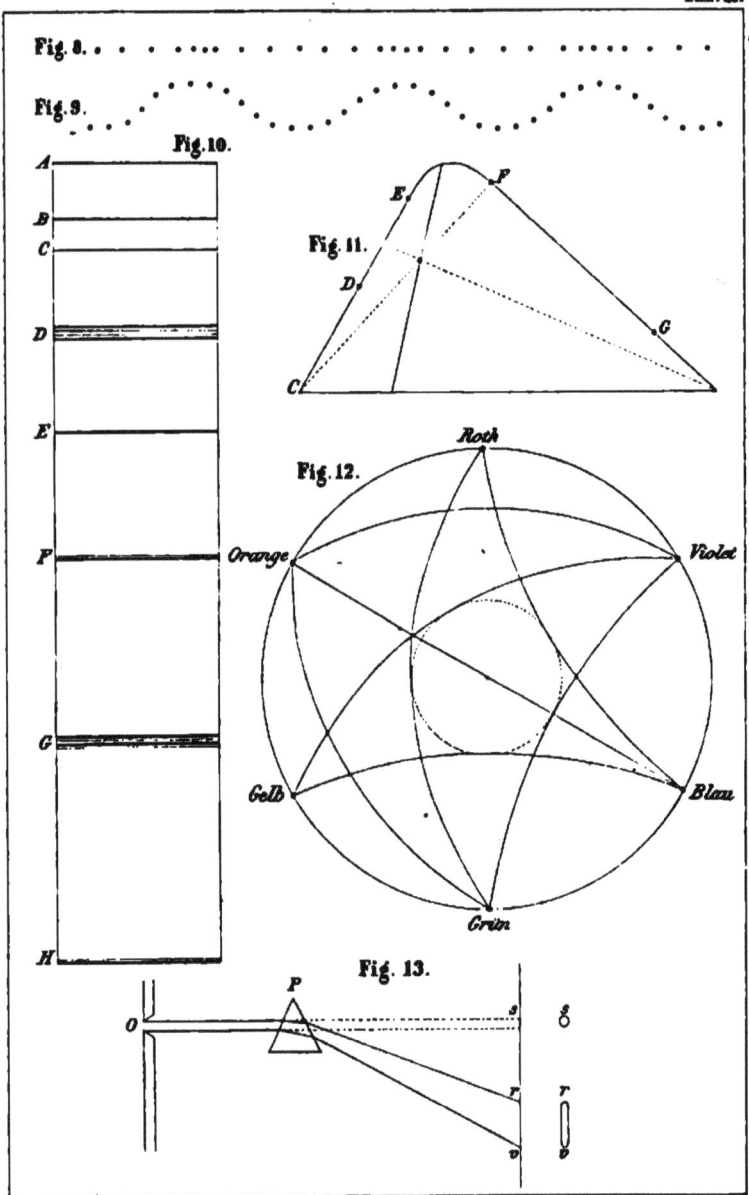

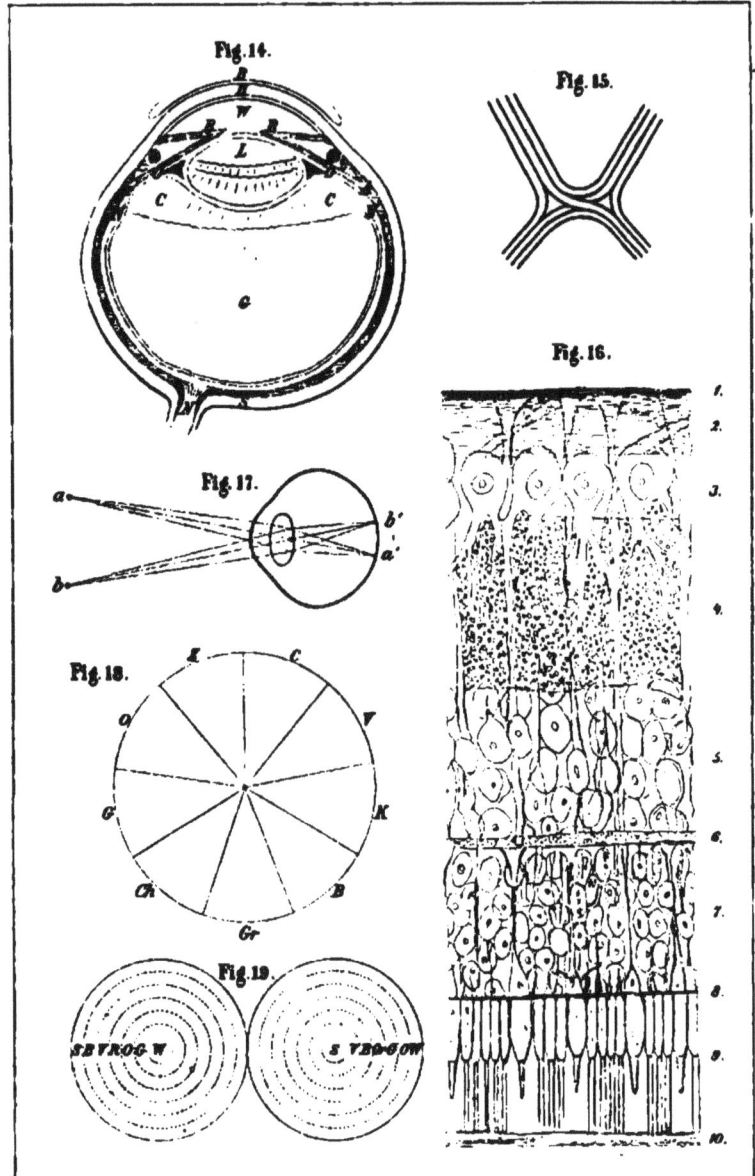

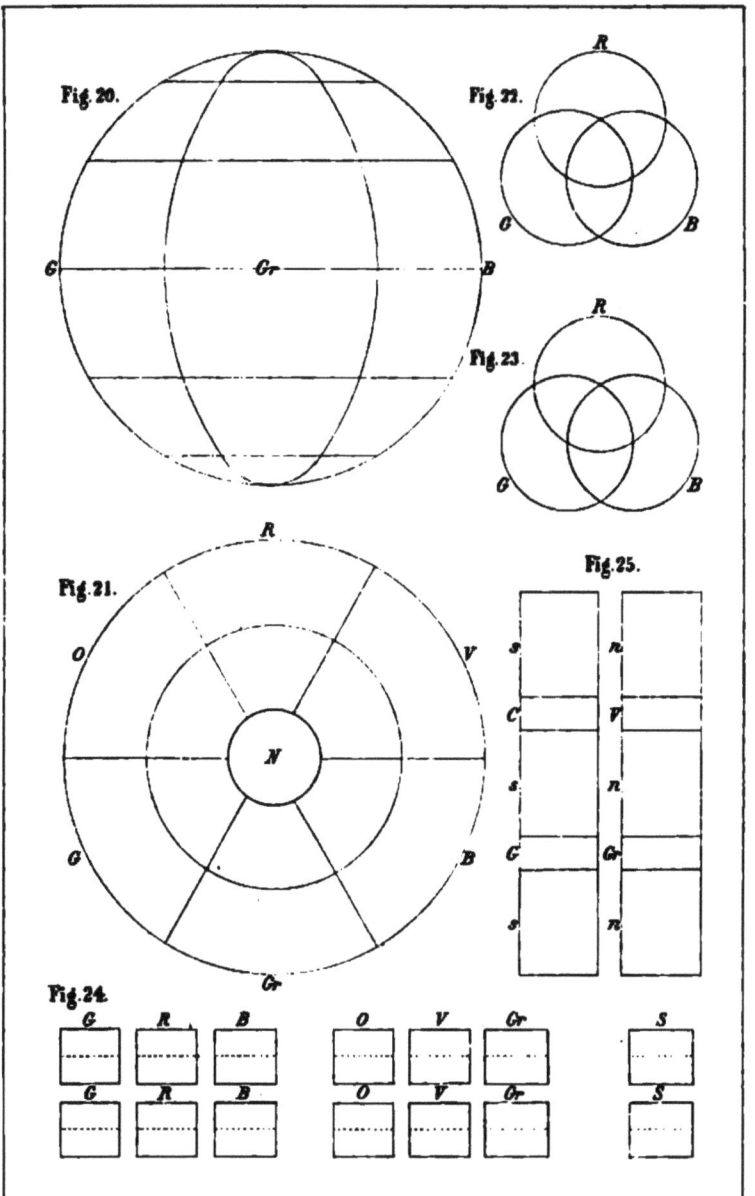